買い時・売り時がひと目でわかる

株価チャート大全

STOCK CHART COMPENDIUM

戸松信博 監修

JN016740

池田書店

株価チャートで「値ごろ感」を掴む

「○○工業の株価は現在、1850円です」

果たしてこの1850円という金額、安いのでしょうか、高いのでしょうか。多くの銘柄（株）は100株単位で買えるので、○○工業は現在18万5000円から買えるわけです。18万5000円と聞くと、「それは高い」という人もいれば、「それなら買える。思ったりより安い」という人もいるでしょう。しかし、結局は自分の財布と相談したうえでの個人的な感覚です。

株を売買するうえで知りたいのは、取引する場所——**株式市場において、この「1850円」が「高い」のか、「安い」のか**、という点です。それがわからなければ、今買ってよいのか判断できません。例えば、１カ月前なら900円で買えたものを、今1850円で買うのはためらわれますよね。

そこで登場するのが、「株価チャート」です。

株価チャートとは、過去の株価の推移をグラフで表したものです。**株価チャートを見ることによって、現在の株価水準が過去の水準と比べて高いのか、安いのか、「値ごろ感」を掴む**ことができます。

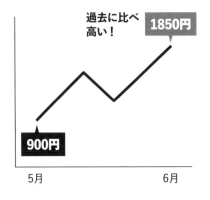

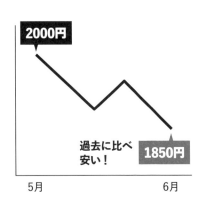

「買う」「売る」のサインがわかる100パターン

要するに、株価チャートは売買を判断するためのツールであり、**株式投資において投資家全員に与えられた武器**です。この見方、使い方がわからなければ、投資の世界を生き抜くことはできません。

しかしながら、「株価チャートを見るのは難しい」と思っている人も多いことでしょう。取引するための「唯一の武器」を放棄しているわけで、とてももったいないことです。

本書は、この株価チャートを一から紐解き、**どこを見るのか、どこで売買を判断するのか、実際の株価チャートをもとに解説**していきます。さまざまな局面が訪れる株式市場で「買う」「売る」の判断が正しくできるように、基本的なパターンから状況ごとのパターンまで100個示しています。

相場にはパターン、言い換えれば一定のクセのようなものがあります。そのクセを知っておくことで判断の精度が高まるのです。

【MonotaRO（3064） 週足】

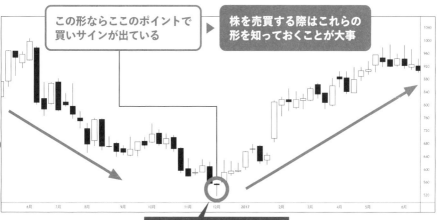

この形ならここのポイントで買いサインが出ている ▶ 株を売買する際はこれらの形を知っておくことが大事

たくり線（58ページ参照）

株価チャートから投資家心理が読める

　加えて、株価チャートは市場に参加する投資家たちの心理状態を示したものでもあります。本書ではチャート上でこの投資家心理を示し、相場がなぜ動くのか、その理由を十分に理解できるようにしました。

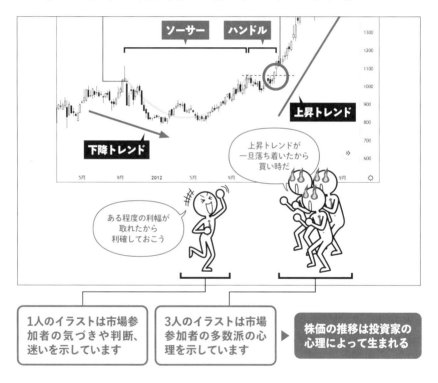

一見、無機質な棒や線の組み合わせのように見える株価チャートですが、その動きをつぶさに見ていくと、そこで取引した投資家たちの心理——「今すぐ買わなきゃ!!」「しばらく様子を見ておくか……」、そういった心の動きが見て取れます。**株価チャートを読み解くこととは、投資家心理を読み解く**ことでもあるのです。

本書を効果的に使うために

　本書では、まず株価チャートの基本となる**ローソク足について、チャートパターンを豊富に用意し、値動きの特徴について説明**していきます。

　後半では**テクニカル分析の王道である移動平均線を説明**したのちに、利用しやすいものを厳選し、見るポイントを絞って紹介しています。

　状況によって有効なパターンは違うので、慣れない方は下の図を参考にパターンを見つけてみましょう。

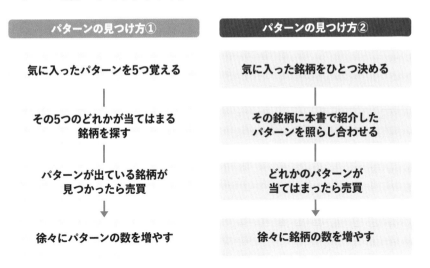

パターンの見つけ方①

気に入ったパターンを5つ覚える

その5つのどれかが当てはまる
銘柄を探す

パターンが出ている銘柄が
見つかったら売買

徐々にパターンの数を増やす

パターンの見つけ方②

気に入った銘柄をひとつ決める

その銘柄に本書で紹介した
パターンを照らし合わせる

どれかのパターンが
当てはまったら売買

徐々に銘柄の数を増やす

　最後に特別な出来事で起こる、少々特異な株価の動きを紹介します。また、各章で練習問題を設けています。実際にチャートを読めるようになったのか、このテストで試してみてください。

　本書を活用することで、相場の状況ごとに適切に「買う」「売る」を判断し、株式投資で成果を上げることができれば、うれしく思います。

戸松信博

キーワード

そのセクションで解説する
パターンや事柄を「酒田五
法」や「移動平均線」「グラン
ビル」などのようにジャンル
分けしています。

投資タイプ

紹介するパターンが「買い（ロング）」か
「売り（ショート）」、「順張り」か「逆張り」、
「長期トレード」か「短期トレード」など、
どの場面で使えるか示しています。

酒田五法 　　ロング　　順張り　　長期トレード

勝ちにつながるテーマ

株価チャートの基本や相場
でよく見られるパターン、
よく使われる指標を網羅し
ています。

相場の底を示す
三川・逆三尊

酒田五法のひとつであり、相場の安値圏で現れ、底を示す代表的なチャートパターンです。ネックラインを上抜けると買いサインになります。

3度の安値下抜け失敗で買い圧力が高まる

こちらは三山、三尊と反対に、どちらも安値圏で形成されると、下降トレンドが底打ち、上方向への反転を示すチャートパターンです。

三川（さんせん）は三山と反対に、下向きの谷（安値）がほぼ同じ水準で跳ね返る形状です。逆三尊（ぎゃくさんぞん）は三尊の逆で、3つの谷のうち、2つ目の谷が最も深く、3つ目が下抜けられないまま跳ね返る形状です。海外では「ヘッド＆ショルダーズ・ボトム」と呼ばれています。

三川については、ひとつ目の安値とほぼ同じ水準で3度跳ね返されるため、市場心理として「売り圧力が少ない」と判断され、上昇が期待されるようになると考えられています。

チャートパターン完成はネックライン上抜けを意識する

逆三尊は2つ目の谷まで下降トレンドが継続していますが、3つ目の谷で下降トレンドの継続失敗が明確になるので、相場の転換が強く意識され買われやすくなるという考え方です。

三川、逆三尊どちらもひとつ目と2つ目の高値を結んだネックラインを上抜けることでパターン完成と判断されます。3つ目の形成途中で買う方法もありますが、反発して2つ目の安値を下抜ける可能性もあるため、基本的にはネックライン上抜けを意識したほうがよいでしょう。

解説

チャートの基礎的な情報や、
チャートのなかでパターンが
どういう状況で発生するかを
解説しています。また、パター
ンから何が読み取れるかな
ども解説しています。

☞Check! 三山の反対のパターンではなく、3本のローソク足によってつくられるチャートパターンを三川と呼ぶ場合もある。

74

さらに踏み込んだ情報

Check！ ……… 本文の解説を補足する情報や、知っておくべき情報を紹介。

身につける！ …… 売買における格言や、相場に臨むうえでの心構えを紹介。

実践！ ………… 「買いサイン」の見方など、実際の売買に役立つアドバイス。

パターンを100種、紹介して
います。一覧は12ページ。

(!)買いサイン

紹介するパターンのどこが
「買い」の判断基準になるか
を示しています。

(!)売りサイン

紹介するパターンのどこが
「売り」の判断基準になるか
を示しています。

パターン14	逆三尊（ヘッド＆ショルダーズ・ボトム）

3つ目の谷が2つ目の谷より下がらずに
ネックラインを上抜けた ➡ **(!)買いサイン**

【トヨタ自動車（7203）　日足】

下降トレンド

上昇トレンド

ネックライン

❶

❷

❸

もう強い売りは
ないだろうから
たくさん買おう

逆三尊
3度目の売りで2つ目の谷
を抜けられない ▶ ネックラインも上抜けた
ためトレンド転換

プロのアドバイス

**3つ谷をつくったところでネックラインの上抜けが転換サ
イン。谷が連続したら高値に注目しましょう**

75

パターン解説

実際のチャートを用いてパ
ターンを示し、発生する状
況や注目するポイントを解
説しています。

投資家心理

チャートから読み取れる投
資家心理をイラストを用い
て示しています。

プロのアドバイス

パターンを使ううえで特に注目すべきポイ
ントを投資のプロの視点で解説していま
す。注意すべき点も紹介しているので、
よく読んで活用しましょう。

7

CONTENTS

第1章 チャートから読み取れる 基本の判断材料

第2章 チャートを構成する 基本の要素

第3章 ローソク足を見て 値動きの基本を知る

第6章 テクニカル指標を使って値動きを分析する

第7章 状況別にチャートを見て特徴を分析する

チャートの基本

チャートから読み取れる基本の判断材料

「株価チャート」はその銘柄の過去の値動きを示したグラフです。まずは株価チャートをどのように見ればよいのか、また、見ることで何がわかるのかなど基本的な考え方を説明します。

Keywords

●**チャート基本**

●**見る目的**

●**利確・損切り**

●**相場の傾向**

株価チャートで過去の値動きを分析する

株価チャートを見れば、その銘柄の株価が過去にどのような動きをしてきたのかを視覚的に把握することができ、株式投資の基本的な判断材料となります。

過去の値動きをグラフとして表したものが「チャート」

チャートとは、もともと「特定の情報を図やグラフなどを使って、視覚的に表示したもの」のことを指します。株価チャートとは文字通り「**現在の価格も含めて、株価が過去にどのような動きをしてきたか**」をグラフにして視覚的にわかりやすくしたものです。

株価の高低、トレンド、過熱感などを相対的に判断

例えば、現在の株価が1000円の企業があるとして、この情報だけでこの企業の株を買うかどうかを判断するのは無理があります。

右の図では、株価が10日前に900円まで上昇し、そこから一度下げてから、現在価格の1000円まで上昇してきたことがわかります。あくまで一例ですが、チャート分析の知識をもっている人なら「前回高値は意識されやすい」という傾向を知っています。そのため、**この図では意識されやすい前回高値900円を上抜けていて、「株価が上昇トレンドに入った可能性が高い」**と判断できます。つまり、「買い」です。

このように、株価チャートを見ることで、現在の価格に至るまでにどのような動きがあったのかを分析し、そこから「株価の相対的な高低」「トレンドの有無」「相場の過熱感」など、さまざまな要素を判断できるようになるのです。

☑Check! **チャートなどで株価の推移を分析することを「テクニカル分析」、企業の業績などを分析することを「ファンダメンタルズ分析」という。**

過去の値動きがないと株価を評価できない

現在の株価だけ見る場合

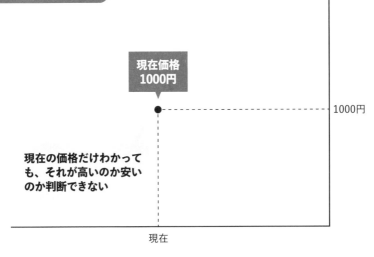

現在価格
1000円

1000円

現在の価格だけわかっても、それが高いのか安いのか判断できない

現在

最近の株価推移で見た場合

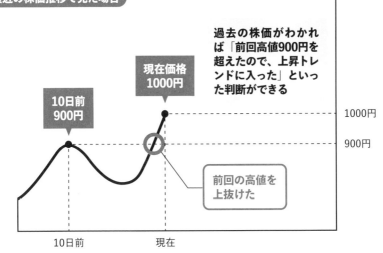

過去の株価がわかれば「前回高値900円を超えたので、上昇トレンドに入った」といった判断ができる

10日前
900円

現在価格
1000円

1000円

900円

前回の高値を
上抜けた

10日前　　　　現在

プロのアドバイス

現在の価格に至るまでどんな動きがあったかを分析することで、今後の展開や売買タイミングも判断できます

目的を明確にして チャートを見る

どんな銘柄に、いつ投資するのかを判断するためにチャートを見ます。自分の目的・投資方法を明確にしたうえで、合致したチャート分析をしましょう。

チャート分析は手段であって目的ではない

「株式投資において、何をすれば利益が出せるようになるか？」を軸としてチャートを見る必要があります。例えば、初心者でも利益を出しやすいのは「順張り戦略」です。

この戦略を軸に買っていく場合、現在上昇トレンドが出ている（もしくは今後上昇トレンドが出そうな）銘柄を見つける必要があるのですが、チャート分析はここで役立ちます。要は、**チャート上でそうした株価の動きをしている銘柄を選別していけばよいのです。**

目的から逆算してどんな分析を行うのか決める

また、投資（買う）タイミングを精査することも重要です。**いくら上昇トレンドと判断できても、過去の水準から見て直近の株価が高すぎる位置にある場合など、少し待ってから買ったほうがよい場合もあります。**その際に、第3章以降で説明するテクニカル指標やチャートパターンを活用することで、よりよいタイミングで買うことも可能です。

こうした形で「どんな銘柄に、いつ投資をするのか」を判断するのが、チャート分析を行う大きな目的です。しかし、株価チャートはあくまで分析を行うための手段です。まず、自分の目的を明確にしたうえで、そこから逆算して何を使うのかを考えたほうがよいでしょう。

☑Check! 順張り以外にも投資戦略はいろいろとあるが、それぞれ使いたい戦略に適した銘柄を選ぶ際にチャート分析は役に立つ。

チャートを見て買うタイミングを判断

【マルマエ（6264）　日足】

一旦下がる可能性が高いので、相場が落ち着くのを待つべき ◀

上昇トレンドのなかにあるが値上がりしすぎている

上昇トレンド

【アセンテック（3565）　日足】

ここからさらに上昇する可能性が高い ◀

高値を更新し上昇トレンドに入ったばかり

直近高値

プロのアドバイス

チャートを分析することで、過去の株価から買うべきタイミングや、買うタイミングにある銘柄を精査できます

利益確定と損切りの
ポイントがわかる

銘柄選定と同じくらい「どこで利益確定（もしくは損切り）するか」も重要です。
チャートは資金管理のポイントも視覚的に示してくれます。

資金管理をせずに生き残っている投資家はいない

　相場で資産を増やせる人と、そうでない人。その違いはどこにあるのでしょうか。

　要因はいろいろとありますが、ひとつ間違いなくいえるのは「資金管理の精度」です。人間は基本的に自分の失敗を認めたくない生き物なので、どれだけ冷静でいようとしても欲が出てしまいます。**特に投資の世界では欲にのまれてしまうと、大きな損失を抱えたり、得られたはずの利益をなくすような行動をしてしまいがちです。**

　そうした行動を事前に防ぐために「利益確定」や「損切り」といった手法を使い、損失はできるだけ少なく、利益はより多くなるようにコントロールすることが投資の基礎です。

シンプルな利確・損切りの設定ができる

　資金管理の方法はいろいろとありますが、**チャート分析を活用することで利益確定や損切りのポイントを視覚的に設定しやすくなります。**

　例えば、右の図でトレンドの転換を狙って「移動平均線を上抜けたら買い、下抜けたら売り」というルールでエントリーしたとします。すると、このまま株価が線を下抜けずに上昇する場合は保持、株価が反転して線を下抜けた場合は利益確定や損切りといった判断がスムーズにできます。

身につける！　　利益確定と損切りに自分のルールをもつことが重要。損切りしてもトータルでは利益が出るようにルールを徹底すれば負けない。

【ファーストリテイリング（9983）　日足】

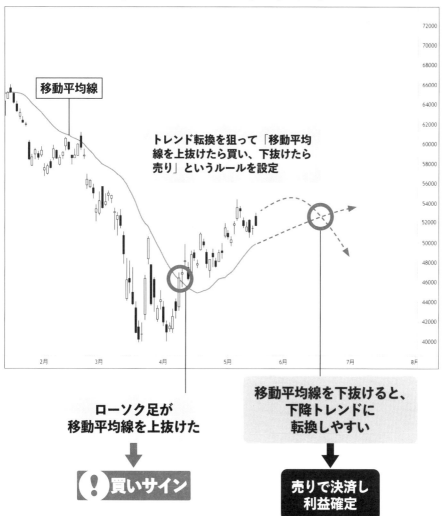

移動平均線

トレンド転換を狙って「移動平均
線を上抜けたら買い、下抜けたら
売り」というルールを設定

ローソク足が
移動平均線を上抜けた

→ (!)買いサイン

移動平均線を下抜けると、
下降トレンドに
転換しやすい

→ 売りで決済し
利益確定

プロのアドバイス

利確・損切りのルールを決めることで、確実に利益を確保
でき、見込みの外れた相場に時間をかけずにすみます

トレンド相場とレンジ相場を見分ける

まずはチャートからトレンドの有無を確認してから細かい分析に進むことが重要です。トレンド相場とレンジ相場では、戦略が変わります。

順張りならトレンド相場で売買する

チャート分析で得られる情報のなかで、最も基本的かつ重要な要素として「トレンドの有無」があります。株価チャートは細かく見ようと思えばいろいろな見方ができますが、**単純化すると「下降トレンド、レンジ、上昇トレンド」この3つしかありません**。トレンドとは上下どちらかの方向に勢いが出ている状態、レンジはどちらの方向にも勢いがない状態のことをいいます。

投資戦略を立てる基礎になる

なぜトレンドやレンジの判断が重要なのかというと、投資戦略を立てるうえで基礎になるからです。例えば、**順張り（トレンド方向に沿って売買する戦略）では、まずトレンドが出ている銘柄を選ぶことが大前提となります**。逆にいえば、レンジで動いている銘柄はそもそも選択肢に入りません。

一方、株価の流れに反して売買を行う「逆張り」と呼ばれる手法でも、買いでエントリーする前に「下降トレンドが継続しそう」と判断できれば、わざわざ損する可能性の高い買い方はしなくてすみます。また、レンジ相場のなかで規則性を見つけることができれば、利益を得られる可能性はより高くなります。

用語解説

逆張り

上昇相場で反落を狙って売りを入れ、下落相場で反発を狙って買いを入れる手法。大きな利幅を狙えるが、トレンドが継続した場合のリスクも伴う。

トレンド相場のチャート

【スノーピーク（7816）　日足】

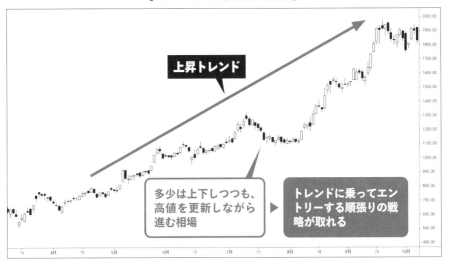

上昇トレンド

多少は上下しつつも、高値を更新しながら進む相場

▶ **トレンドに乗ってエントリーする順張りの戦略が取れる**

【スノーピーク（7816）　日足】

下降トレンド

多少は上下しつつも、安値を更新しながら進む相場

下降トレンドが続きそうと判断できれば、買いで損することを避けられる

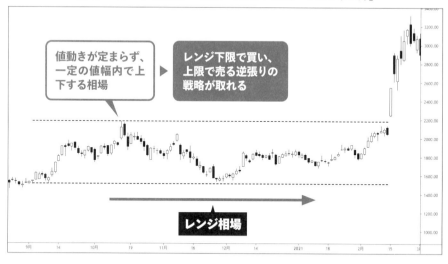

レンジ相場のチャート

【スノーピーク（7816）　日足　2020年10月〜2021年1月】

値動きが定まらず、一定の値幅内で上下する相場

レンジ下限で買い、上限で売る逆張りの戦略が取れる

レンジ相場

自分の戦略を先に決めてからチャート分析に入る

　つまり、「はらみ足ができたから（50ページ参照）」「RSIが30％から反発したから（194ページ参照）」というような細かい部分の分析も重要ですが、**そもそも現在の相場がどのような状態で、自分の取りたい戦略と合致しているのかを確認するほうが優先度は高いのです。**

　この順序を間違えると、「レンジ相場で順張り」「下降トレンドで買い向かう」といった損失につながる行動を取ってしまいがちです。

　そのため、チャート分析を行う際は、まずトレンドが出ているかどうかを確認して、自分の取りたい戦略に沿った相場であればエントリーのタイミングを細かく分析していくといった考え方でチャートを見ていくとよいでしょう。

用語解説
はらみ足	ローソク足によるシグナルの一種。1本目のローソクが2本目のローソクの上下を包むケースで、トレンドの転換を示唆する。

第2章

チャートの構成要素

チャートを構成する基本の要素

チャートは基本的に「時間（横軸）」「価格（縦軸）」「チャートの形状」と「テクニカル指標」の4つの要素で構成されています。それぞれがチャート上でどう機能するか解説します。

Keywords

● 縦軸・横軸

● 構成要素

● ローソク足

● 出来高

● テクニカル

● 移動平均線

株価チャートの基本は縦軸と横軸

チャートの最小単位は「時間」と「価格」です。そして特定の期間の株価の動きを示すのが、チャートの最も基本的な役割です。

2つの軸を使って株価の推移を示す

　第1章では、チャートの役割を「過去から現在までの推移をグラフで示したもの」と説明しましたが、チャートの最小単位は「時間」と「価格」です。つまり、**「過去の特定の期間の価格を示す」** というのが、**チャートの最も基本的な役割なのです。**

　例えば、2日前の株価が800円、1日前が900円、現在価格が1000円と推移しているとします。日時と価格の2つの軸が交わる場所にそれぞれ点を置き、その3つの点を結ぶと折れ線グラフが表示され、これが株価チャートとなるのです。

「どの時間軸で見るか」に注目する

　ただし、チャートはひとつの画面で複数の時間軸を見ることができません。1日ごとの価格を結ぶチャートのことを「日足」といいますが、そのほかにも1週間ごとの価格を結ぶ「週足」、1時間ごとの「1時間足」、5分ごとの「5分足」というように、**それぞれ表示する期間に対して名前が付いていて、これを時間軸と呼びます。**

　つまり、1日ごとの値動きを確認したいのであれば日足チャート、5分ごとであれば5分足チャートというように、見たい時間軸に合わせてその都度切り替える必要があるのです。

身につける！　時間軸は長期トレーダーであれば日足や週足など長いものを、短期トレーダーであれば1時間足や5分足など短いものを使う。

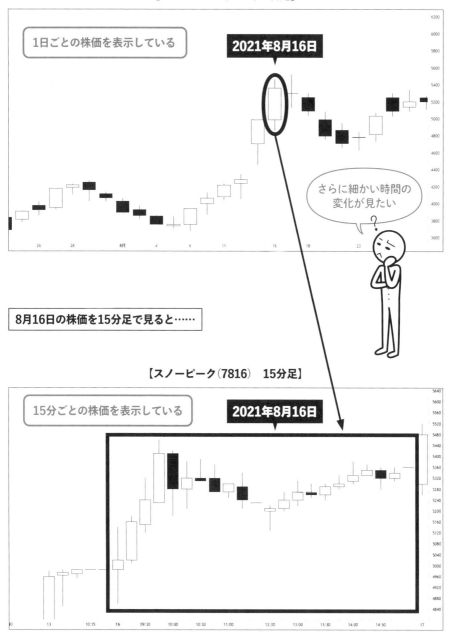

時間軸でチャートを切り替える

【スノーピーク（7816） 日足】

1日ごとの株価を表示している

2021年8月16日

さらに細かい時間の
変化が見たい

8月16日の株価を15分足で見ると……

【スノーピーク（7816） 15分足】

15分ごとの株価を表示している

2021年8月16日

チャートを構成する
4つの基本要素

「時間」「価格」に加え、「チャートの形状」と「テクニカル指標」がチャートの基本要素です。一般的にこの4つの要素でチャートを分析します。

チャートは表示方法によって形状が異なる

24ページで説明したように、チャートの最もシンプルな要素は「時間」と「価格」ですが、一般的にはさらに2つの要素を追加して分析していきます。

1つ目の要素は「チャートの形状」です。先程紹介した、期間と株価を結んだ表示方法は「ラインチャート」と呼ばれていますが、ほかにもさまざまな価格の表示方法があります。例えば、よく知られた「ローソク足」や、欧米などでよく使われている「バーチャート」などが挙げられます。

さまざまな分析ができるテクニカル指標

2つ目は「テクニカル指標」です。右の図でローソク足の横で動いている「移動平均線」や、ローソク足の下に配置してある棒グラフの「出来高」などがテクニカル指標です。

テクニカル指標はこのほかにもさまざまな種類があります。第5章以降で個別に解説しますが、価格に計算式を用いて、**トレンドの有無や相場の盛り上がりを可視化するものや、出来高のように相場のエネルギーを可視化するものなど、それぞれで分析できる要素が大きく変わります。**

このように、「時間」「価格」「チャートの形状」「テクニカル指標」という4つが、チャートを形成する基本的な要素なのです。

用語解説	
バーチャート	高値と安値を示した棒足の左側に始値、右側に終値を表す横線を表示したもの。高値、安値、終値の3つのみを表示する場合もある。

【良品計画(7453)日足】

価格

縦軸：チャートの基準となる株価を表示している。このチャートでは日本円を表示している

チャートの形状

ローソク足：時間ごとの株価を示し、株価の変化を可視化する

テクニカル指標

移動平均線：株価の平均値を示し、トレンドの有無を可視化する

出来高：株価が売買された数を示し、相場のエネルギーを可視化する

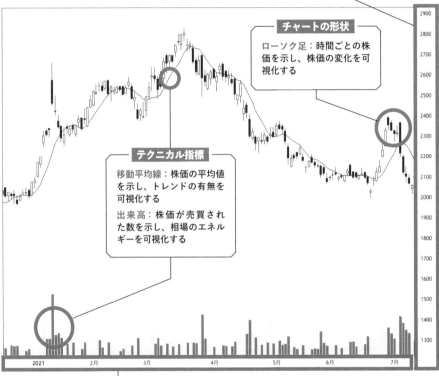

時間

横軸：チャートの基準となる日時を表示する。時間軸によって年月日、時刻が表示される

プロのアドバイス

自分が知りたい情報に合わせて「時間」「価格」「チャートの形状」「テクニカル指標」を使い分けましょう

4つの価格で
相場を掴むローソク足

株価を始値、終値、高値、安値の4つの価格で示すのがローソク足です。価格の変化の情報が多く、相場の状況を把握しやすいという特徴があります。

株価によってローソク足の形状は変化する

　本書では、「チャート形状」についてローソク足を使って解説していきますが、まずはローソク足の基本的なしくみについて紹介します。

　ローソク足で重要なのが「始値、終値、高値、安値」という4つの価格です。日足の場合、**その日最初に付いた価格「始値」、最後についた価格「終値」、最も高い価格「高値」、最も安い価格「安値」をひとつの「足」として示したのがローソク足です。**

　ローソク足の形状は、4つの価格の位置によって変化します。例えば、その日の市場が閉まるまで株価が上昇し続けた場合、ローソク足は縦長の形になります。一方、市場が開いても価格に方向感がない場合は、漢字の「十」のような形状になります。

ローソク足の形状から市場参加者の動きを読み取る

　相場の変化によってさまざまに変化するということは、「**ローソク足の形状はその時間軸における4つの価格の変化を示している**」ということです。これが、ローソク足から読み取れる最も重要なポイントです。

　チャート分析のキモは、市場参加者の動きを読み取ることです。その点で、ローソク足は、1本の足から読み取れる情報の量が多く、相場のより詳細な動きを分析できる最適なツールなのです。

用語解説

市場　　株が取り引きされる市場のこと。日本の証券取引所のひとつである東証の場合は、平日の9時〜11時半、12時半〜15時の計5時間取引できる。

ローソク足の見方

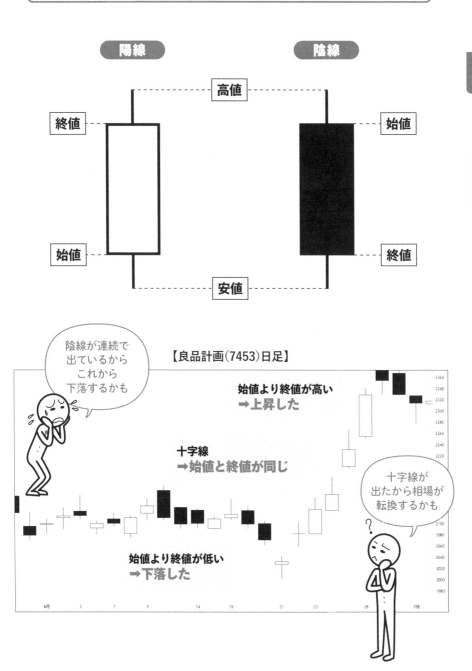

出来高は相場の
エネルギーを可視化する

出来高は、その銘柄がどれだけ売買されたのかを表したグラフです。銘柄の人気度や相場の勢い、トレンドの動きををを判断する材料にもなります。

銘柄の人気度や勢いを出来高で判断

「出来高」は簡単にいうと「相場のエネルギー」を示すものです。特定の期間のなかで売買がどれだけ成立したのかを表すグラフで、**出来高を見ることでその銘柄の「人気度」や「相場の勢い」がわかります。**

　チャートだけを見ていると、単に数値が動いているだけの印象を受けますが、実際には、その株を買いたい人と売りたい人の取引が成立することで株価は上下しているのです。ただし、出来高は買いと売りどちらの取引もカウントするため、出来高が高い＝株価が上昇する、というわけではありません。

トレンドの分析は出来高を合わせると精度が上がる

　とはいえ、出来高は相場のエネルギーをグラフ化し、株価とも深い関係にあるので、トレンド継続や反転を見極める判断材料にもなります。

　例えば、**一般的に上昇トレンドが発生している相場では、株価が上がるほどその株を買いたい人が増えるため出来高が上昇します。**反対に下降トレンドが発生している相場では、買いたい人が減るため、出来高が徐々に減っていく傾向にあります。

　また、下降トレンドの最終局面では一時的に出来高が急増することが多く、それを反転のサインと考えることもできます。

☑Check! **全体として出来高が小さい銘柄は、売買があまり活発ではないため、一時的な取引量の増加で株価が急変するリスクがある。**

出来高はトレンド判断のヒント

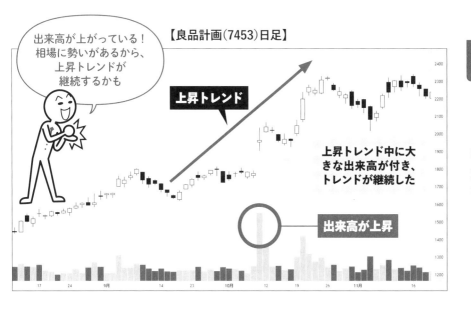

【良品計画(7453)日足】

出来高が上がっている！
相場に勢いがあるから、
上昇トレンドが
継続するかも

上昇トレンド

上昇トレンド中に大きな出来高が付き、トレンドが継続した

出来高が上昇

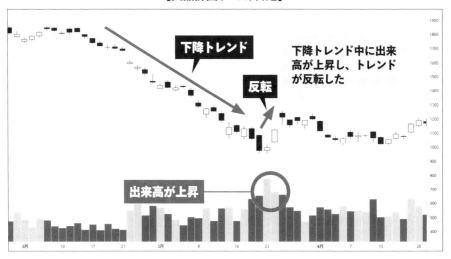

【良品計画(7453)日足】

下降トレンド

反転

下降トレンド中に出来高が上昇し、トレンドが反転した

出来高が上昇

テクニカル指標で
ローソク足の分析を補助

ローソク足で分析できる要素に加えて、ほかの要素を示すのがテクニカル指標です。目的に合った指標を用いることで、分析の精度を高められます。

「ローソク足だけでは読み取れない要素」を分析

テクニカル指標は、主に「ローソク足だけでは読み取れない要素」を分析するために使われます。ローソク足で読み取れるのは「4つの価格」と「時間」です。この2つの要素を使って、**過去に意識された高値や安値に注目したり、チャートパターンやローソク足の形状を見て売買タイミングを見極める、といった分析が可能です。**

ローソク足の要素のみでチャート分析は十分できる、という人もいます。しかし一般的には、目的に応じてテクニカル指標を組み合わせることによってローソク足の分析を補助する場合が多いです。そのほうが分析の精度は高くなります。

テクニカル指標を使って何をしたいのかを明確にする

例えば「一定期間の値動きの平均値」「相場の過熱感」といった要素は、ローソク足だけでは分析することができません。そこで、移動平均線を用いて一定期間の値動きの平均値を可視化したり、RSIを用いて現在価格が相対的に加熱している位置にあるのかを判断します。

指標ごとにそれぞれ何を分析できるのかは大きく異なります。そのため、テクニカル指標を使う前に、ローソク足で分析できる要素に加えて何を分析したいのかを、あらかじめ明確にしておくことが重要です。

用語解説

RSI　　Relative Strength Index（相対力指数）の略。一定期間における上昇の値動きが占める割合から、相場の過熱感を数値化したもの（194ページ参照）。

目的によってテクニカル指標を使い分ける

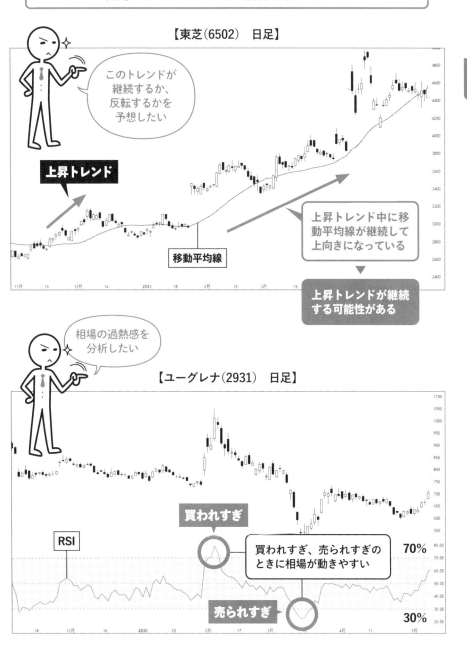

【東芝（6502）　日足】

このトレンドが継続するか、反転するかを予想したい

上昇トレンド

移動平均線

上昇トレンド中に移動平均線が継続して上向きになっている

上昇トレンドが継続する可能性がある

相場の過熱感を分析したい

【ユーグレナ（2931）　日足】

買われすぎ

RSI

買われすぎ、売られすぎのときに相場が動きやすい

70%

売られすぎ

30%

移動平均線は
最も多く使われる指標

移動平均線は、幅広い市場参加者が参考にしている指標です。多くの人が見ているという点をうまく活用すれば、判断の手がかりにすることができます。

トレンドの有無を分析しやすくなる

　私たちのような個人投資家から、いわゆる「プロ」と呼ばれる機関投資家まで、相場で最も幅広く使われているテクニカル指標が「移動平均線」です。

　しくみについては第5章で詳しく説明しますが、移動平均線はチャートに表示させると、一定期間の株価の平均値の推移をグラフとして見ることができます。そのため、**現在の相場が「上昇トレンド、下降トレンド、レンジのどれに当たるのか」「トレンドが継続する可能性は高いのか」「どこでエントリーすればよいのか」といったさまざまな要素を判断することができます。**

移動平均線は絶対的な指標ではない

　ここで重要なのは、それだけしくみがシンプルかつ多機能であるゆえに、**「個人投資家からプロまで、あらゆる市場参加者が移動平均線を見ている」**という点です。

　誤解を恐れずにいえば、テクニカル指標は絶対的なものではなく「気休め」に近い部分があります。「欧米の投資家は50日移動平均線や200日移動平均線を見ている」という通説がありますが、実際の相場では200日移動平均線で必ず株価が反発するわけではありません。

用語解説	
機関投資家	保険会社や銀行など集めた資金を運用する法人投資家のこと。個人投資家に比べて扱う金額が大きく、また、長期で投資を行う場合が多い。

意識されやすい移動平均線

【ダウ平均株価　日足】

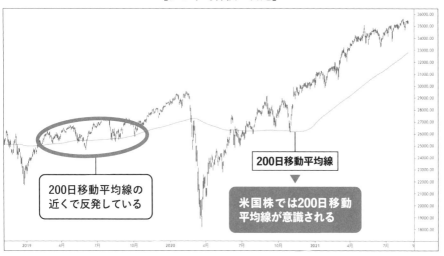

200日移動平均線の
近くで反発している

200日移動平均線

米国株では200日移動
平均線が意識される

【日経平均株価　日足】

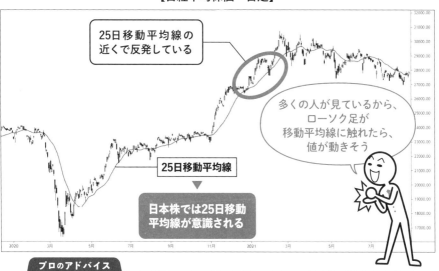

25日移動平均線の
近くで反発している

多くの人が見ているから、
ローソク足が
移動平均線に触れたら、
値が動きそう

25日移動平均線

日本株では25日移動
平均線が意識される

プロのアドバイス

多くの参加者が見ている指標を見ることで、ほかの人がどの指標を参考にしているかを把握することができます

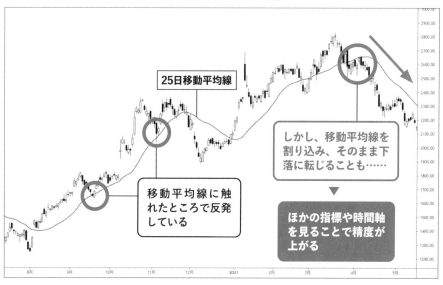

移動平均線を意識した値動き

【良品計画(7453)日足】

25日移動平均線

移動平均線に触れたところで反発している

しかし、移動平均線を割り込み、そのまま下落に転じることも……

▼

ほかの指標や時間軸を見ることで精度が上がる

注目度が高い指標を表示する

　とはいえ、テクニカル指標にまったく意味がないわけではありませんし、特に移動平均線は「**多くの市場参加者が見ているからこそ機能する**」といった側面があるのです。

　例えば、日本の株式市場では１カ月分の平均値を表示する25日移動平均線が重要視されています。そのような多くの市場参加者に注目されているテクニカル指標を表示することは、エントリーの精度を高めることにもつながるのです。

用語解説

25日移動平均線 ───── 2021年現在、東証の１カ月の取引日は20日ほどだが、土曜日にも取引が行われていた時代の名残で25日移動平均線が多く使われている。

第3章

ローソク足の基本

ローソク足を見て値動きの基本を知る

ローソク足は始値、終値、高値、安値をひとつにまとめたチャートです。ローソク足には陽線と陰線の2種類があり、その形状から、値動きの傾向を分析できます。

Keywords

●ローソク足基本

●ローソク足分類

●ローソク足パターン

●ローソク足組み合わせ

ローソク足のパターンで株価の動きを見極める

ローソク足の形状の変化から、価格の動きを予想する方法論が発達しました。細かく分析することで、市場参加者の心理を捉えることができます。

ローソク足は日本発祥のチャート

　第2章で触れたローソク足について、より詳しく説明していきます。ローソク足とは、始値、終値、高値、安値という4つの価格をひとつの「足」として表示するチャートです。実は日本発祥で、江戸時代の米相場において、相場の分析を行うために発明されたといわれています。

特定の形やパターンをローソク足から探す

　ローソク足は、それぞれの価格によってさまざまな形状に変化します。そのため、長い歴史を経て、ローソク足の形状を分析して価格の動きを見極める方法論が発達してきました。方法論にはさまざまな観点がありますが、基本は「ローソク足がこの形になると将来的に価格が上がりやすい」といったものです。

　例えば大陽線や大陰線は、取引が始まってから一方的に買われ（売られ）ていることから、買いや売りの勢いが強いことがわかります。このような、**4つの価格の変化によって形成される「特定の形（パターン）」を探すのが、ローソク足の基本的な分析方法です。**

　各パターンには、市場参加者の心理の変化が反映されている可能性が高いため、ローソク足の分析によって、心理の変化を捉えやすくなります。

☑Check!　　　ローソク足を構成する始値、終値、高値、安値を合わせて「四本値」という。

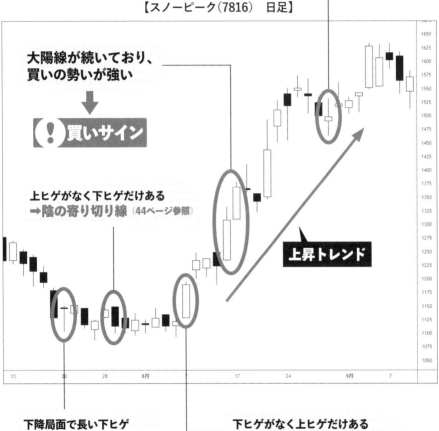

【スノーピーク（7816）　日足】

上下に長いヒゲがある
➡コマ（48ページ参照）

大陽線が続いており、
買いの勢いが強い

⬇

(!)買いサイン

上ヒゲがなく下ヒゲだけある
➡陰の寄り切り線（44ページ参照）

上昇トレンド

下降局面で長い下ヒゲ
➡たくり線（58ページ参照）

下ヒゲがなく上ヒゲだけある
➡陽の寄り切り線（44ページ参照）

第**3**章　ローソク足の基本

プロのアドバイス

4つの価格によって変化するローソク足の形状を分析する
ことで、市場参加者の心理を捉えましょう

ローソク足の基本の分類
陽線・陰線・同時線

ローソク足を見る際に、基本になるのが陽線と陰線です。陽線か陰線かどうかや、その実体の長さから、売買の勢いや相場の状況を予想することができます。

基本は「陽線」と「陰線」

ローソク足のパターン分析はいろいろな角度がありますが、まずは最もシンプルな1本のパターンから見ていきましょう。

陽線や陰線の考え方自体は非常にシンプルですが、いろいろな情報を読み取ることができます。

例えば**日足で陽線ができた場合、その日の市場が閉まるまでに買いが売りを上回ったわけですから、買いの勢いが強いことがわかります**（陰線の場合は逆）。買いの勢いが強ければ、翌日以降もその勢いが継続する可能性が高いため、買いエントリーに有利だと判断することができます。

実体の長さは上昇・下降の強さ

陽線や陰線を見る際に確認しておきたいのが「実体の長さ」です。これは、「始値と終値の間の距離」を表しています。

明確な基準はありませんが、実体部分が長い陽線のことを「大陽線」といい、実体部分が比較的短い陽線のことを「小陽線」といいます。陰線の場合も同様で、実体の長さをもとに「大陰線」「小陰線」と分類します。

実体が長いほど始値と終値の距離が開くことになるため、**小陽線よりも大陽線、小陰線よりも大陰線のほうがその時間軸における買い（売り）の勢いが強かったことを示しています。**

☑Check! **ローソク足は白黒だけでなく赤青で表示することもあり、日本では陽線が赤で陰線が青だが、欧米では陽線が青で陰線が赤で使われる。**

ローソク足の実体に注目する

①色

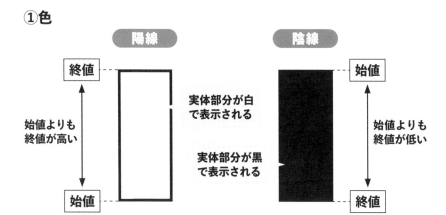

陽線

終値

始値よりも
終値が高い

始値

実体部分が白
で表示される

実体部分が黒
で表示される

陰線

始値

始値よりも
終値が低い

終値

②長さ

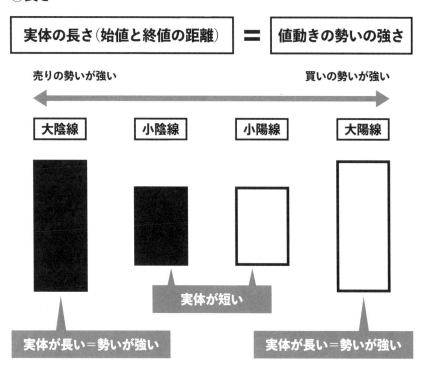

| 実体の長さ（始値と終値の距離） | ＝ | 値動きの勢いの強さ |

売りの勢いが強い　　　　　　　　　　　　買いの勢いが強い

大陰線　　小陰線　　小陽線　　大陽線

実体が短い

実体が長い＝勢いが強い　　　　実体が長い＝勢いが強い

【スノーピーク（7816）　日足】

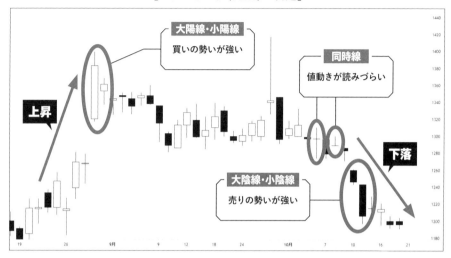

大陽線・小陽線
買いの勢いが強い

同時線
値動きが読みづらい

上昇

大陰線・小陰線
売りの勢いが強い

下落

同時線はヒゲの有無に注目

　また、ローソク足は陽線にも陰線にもならない場合があります。「同時線」と呼ばれる、始値と終値がほぼ同じ価格で付くパターンです。同時線は、安値・高値と実体の差であるヒゲの有無や場所によって呼び方が変わります。例えば、ヒゲがまったくない同時線は「一本線」、上下にヒゲがある場合は「十字線」、下ヒゲのみある場合は「トンボ」、上ヒゲだけの場合は「トウバ」となります。

　それぞれで共通しているのは「始値と終値がほぼ同じ位置にある」という点です。つまり、**特定の時間軸において上下どちらにも動くことができなかったことを示していて、今後の値動きも読みづらくなります。**

　ただし、同時線はチャート上の出現する場所によって捉え方が異なります。まずは「方向感が読みづらい形状」と覚えておけばよいでしょう。

用語解説
　トウバ　　　　　漢字で書くと「塔婆」。お墓に立てる塔婆に形が似ていることから名付けられた。
　　　　　　　　　　トンボも虫のトンボに形が似ていることが由来。

実体のないローソク足

同時線
始値と終値が同じ価格のローソク足

ヒゲの有無によって4つのパターンがある

一本線

── ヒゲがまったくない

始値 ──────────── 終値

十字線

┼ 上下にヒゲがある

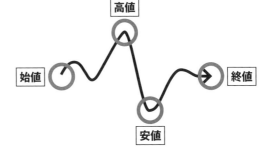
高値 / 安値 / 始値 / 終値

トンボ

┬ 下ヒゲだけがある

始値 / 安値 / 終値

トウバ

┴ 上ヒゲだけがある

高値 / 始値 / 終値

プロのアドバイス

同時線は値動きの方向感が読みづらいため、ヒゲが出現した場所も併せて分析しましょう

1本のローソク足の
パターン

陽線、陰線、同時線はさらにいくつかのパターン分けられます。実体やヒゲの位置、長さによって名前が付けられ、売買の様子を読み取ることができます。

強い勢いを示す派生パターン

「陽線」「陰線」「同時線」は、ヒゲの有無によって、より細かいパターンに分類することができます。

陽線、陰線の派生パターンには、「坊主」「寄り切り線」「大引け坊主」があります。「坊主」は文字通り、陽線・陰線それぞれで上下のヒゲがないパターンです。一方的に高値や安値を更新してローソク足が確定したことがわかります。つまり、**陽線・陰線の派生パターンのなかで、最も上昇や下降の勢いが強いのが陽線坊主と陰線坊主なのです。**

例えば、陽線坊主が安値圏で発生した場合、売りをすべて消化して上昇しているため、上方向への反転が予想されます。

ヒゲは反対方向への動きを示す

大陽線の場合は上ヒゲ、大陰線の場合は下ヒゲのみがあるパターンを「寄り切り線」といい、それぞれ「陽の寄り切り線」「陰の寄り切り線」とも呼ばれています。**基本的には坊主と同様に、出た方向への勢いが強いことを示していますが、それぞれ上ヒゲ、下ヒゲが付いていることから、少し反対方向の動きも出ていることを示します。**

陽線の場合、買いの勢いが強い点は坊主と同じですが、上昇時に付いた高値よりも低い位置で終値が確定するため、上ヒゲが付いています。

用語解説

寄り付き	その日の最初の取引、あるいはその取引で売買が成立した価格のこと。多くは午前の最初の取引を指すが、午後の最初の取引にも使われる。

強い値動きを示す大陽線・大陰線

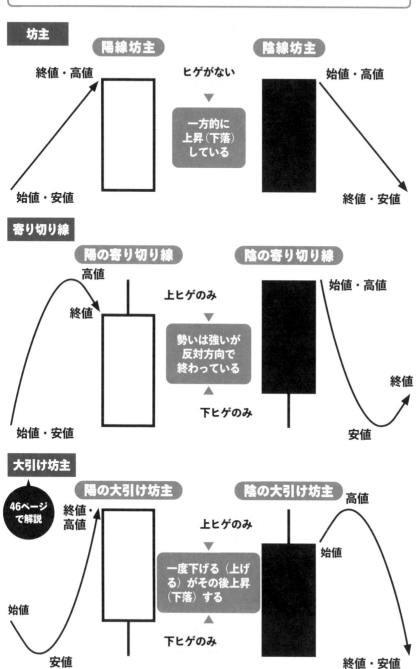

坊主

陽線坊主

終値・高値

始値・安値

ヒゲがない
▼
一方的に
上昇（下落）
している

陰線坊主

始値・高値

終値・安値

寄り切り線

陽の寄り切り線

高値

終値

始値・安値

上ヒゲのみ
▼
勢いは強いが
反対方向で
終わっている
▲
下ヒゲのみ

陰の寄り切り線

始値・高値

終値

安値

大引け坊主

46ページ
で解説

陽の大引け坊主

終値・
高値

始値

安値

上ヒゲのみ
▼
一度下げる（上げ
る）がその後上昇
（下落）する
▲
下ヒゲのみ

陰の大引け坊主

高値

始値

終値・安値

第**3**章　ローソク足の基本

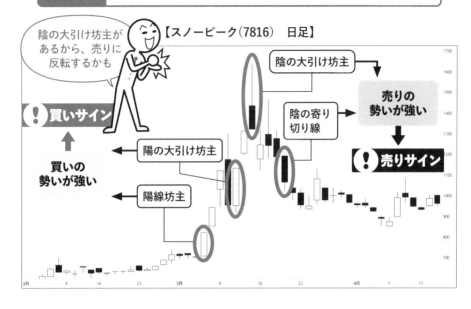

陰の大引け坊主が
あるから、売りに
反転するかも

陰の大引け坊主

**売りの
勢いが強い**

⚠売りサイン

【スノーピーク（7816）　日足】

**陰の寄り
切り線**

買いサイン

買いの
勢いが強い

陽の大引け坊主

陽線坊主

勢いをもって確定する「大引け坊主」

「大引け坊主」とは、大陽線、大陰線の派生のうち、寄り切り線と反対の
パターンです。大陽線の場合は下ヒゲ、大陰線の場合は上ヒゲが付きます。
陽線で日足の場合は、寄り付き後に一度始値よりも下げますが、そこから
上昇していき、高値を更新し続けたまま足が確定します。

長い下ヒゲをもつ「カラカサ」「トンボ」

「カラカサ」「トンボ」は、同時線や陽線、陰線のなかでも実体が短く、
かつヒゲに特徴のあるパターンです。共通しているのは、寄り付き後に一
度下げた後に反発し、始値付近まで戻しているという点です（47ページ
参照）。**高値圏で出るカラカサは「首吊り線」とも呼ばれ、高値圏・安値
圏でこれらのパターンが出ると、反転を示唆します。**

☑Check!　長い下ヒゲが付くパターンは、終値の位置が始値に対してどこにあるか
で「陽のカラカサ」「陰のカラカサ」「トンボ」に分けられる。

パターン**2** 下ヒゲが長いローソク足

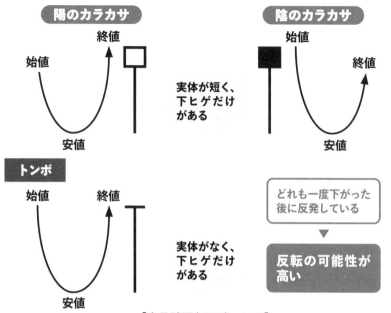

カラカサ

陽のカラカサ
- 終値
- 始値
- 安値

実体が短く、
下ヒゲだけ
がある

陰のカラカサ
- 始値
- 終値
- 安値

トンボ
- 始値
- 終値
- 安値

実体がなく、
下ヒゲだけ
がある

どれも一度下がった
後に反発している

▼

**反転の可能性が
高い**

【良品計画（7453） 日足】

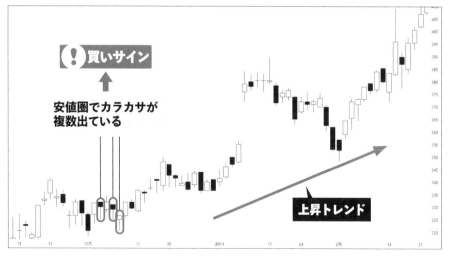

【!】**買いサイン**

安値圏でカラカサが
複数出ている

上昇トレンド

【スノーピーク（7816）　日足】

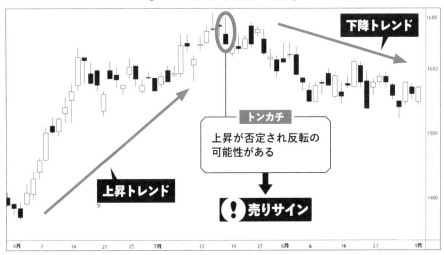

トンカチ

上昇が否定され反転の
可能性がある

(!) 売りサイン

下降トレンド

上昇トレンド

上ヒゲだけをもつ「トンカチ」「トウバ」

　カラカサやトンボの反対で、「トンカチ」は小陽線や小陰線に、「トウバ」は同時線に上ヒゲだけが付くパターンです。

　トンカチもトウバも、寄り付き後一度買われてから、売りが入り上昇が否定されていて、**特に高値圏でこれらのパターンが出ると、下げへの反転を示唆します。**

上下にヒゲをもつ「コマ」「十字線」

　小陽線、小陰線に上下のヒゲがあるパターンが「コマ」、同時線に上下のヒゲがあるパターンが「十字線」です。基本的には、説明したように方向感のない状態を示唆しますが、コマの場合、実体部分が小陽線なのか、小陰線なのかで買いと売りどちらが優勢なのかが確認できます。

☑Check! | **十字線は方向感がない状態だが、前後のローソク足と組み合わせると売買サインとしても使われる（64ページ参照）。**

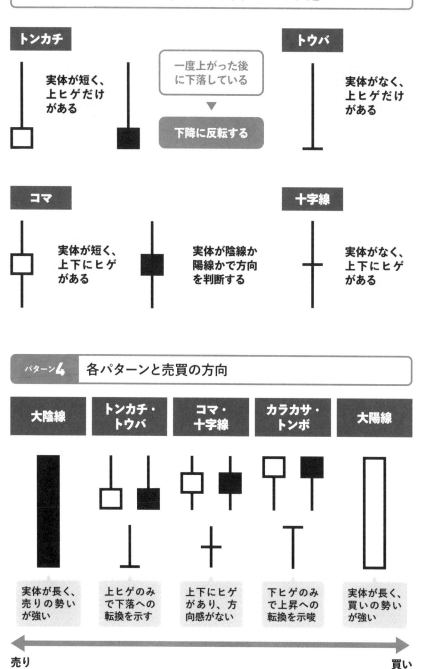

上ヒゲ・上下のヒゲが長いローソク足

トンカチ

実体が短く、上ヒゲだけがある

一度上がった後に下落している

▼

下降に反転する

トウバ

実体がなく、上ヒゲだけがある

コマ

実体が短く、上下にヒゲがある

実体が陰線か陽線かで方向を判断する

十字線

実体がなく、上下にヒゲがある

パターン**4**　各パターンと売買の方向

大陰線	トンカチ・トウバ	コマ・十字線	カラカサ・トンボ	大陽線
実体が長く、売りの勢いが強い	上ヒゲのみで下落への転換を示す	上下にヒゲがあり、方向感がない	下ヒゲのみで上昇への転換を示唆	実体が長く、買いの勢いが強い

売り　←————————————————————→　買い

2本のローソク足の
パターン

1本の形状だけでなく、ローソク足どうしの位置や形状によっても値動きを予想することができます。陽線と陰線の組み合わせでサインが変化します。

2本目のローソク足が1本目を包む「抱き線」

「抱き線」は、「包み足」とも呼ばれ、2本のローソク足のうち、1本目の高値と安値が2本目の実体のなかに収まるパターンのことです。

　1本目の高値と安値が2本目の実体のなかに収まる、というのが抱き線の成立条件なので、①2本のローソク足がそれぞれ陽線、②それぞれ陰線のパターンと、③1本目が陽線で2本目が陰線、④1本目が陰線で2本目が陽線という、合計4つのパターンがあります。

　このうち、上昇局面で③、下降局面で④が出た場合は「**最後の抱き線**」と呼ばれ、強い反転を示すパターンだと考えられています。

2本目のローソク足が1本目に収まる「はらみ足」

「はらみ足」は抱き線と反対で、2本目のローソク足の高値と安値が1本目の実体に収まるパターンです。こちらも、合計4つの組み合わせがあります。

　特に相場の高値圏では、1本目が大陽線で2本目が陰線のコマのパターンが出ると、直前の上昇の勢いが継続しなかったことを示唆するため、天井と考えられます。一方、安値圏で1本目が大陰線、続く足で陽線のコマが形成されると、こちらも前回の大幅な下降の勢いが継続していないことを指し、**相場の大底を示唆するパターンとして考えられています。**

用語解説

大底　　　　　　　　　一定期間の底のうち、一番安い底のこと。株価が多少の上下をしながら下落するなかで、それ以上下落しない相場の転換点が大底になる。

パターン**5**	抱き線・はらみ足

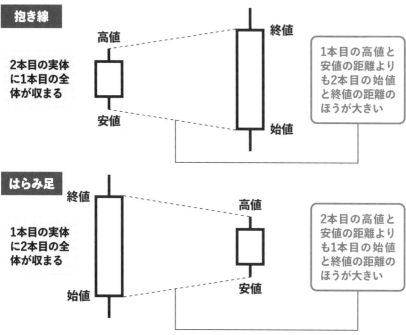

抱き線

2本目の実体に1本目の全体が収まる

高値
安値
終値
始値

1本目の高値と安値の距離よりも2本目の始値と終値の距離のほうが大きい

はらみ足

1本目の実体に2本目の全体が収まる

終値
始値
高値
安値

2本目の高値と安値の距離よりも1本目の始値と終値の距離のほうが大きい

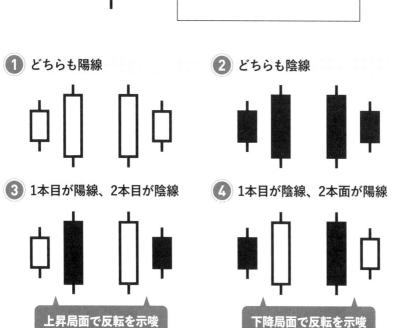

① どちらも陽線

② どちらも陰線

③ 1本目が陽線、2本目が陰線

④ 1本目が陰線、2本面が陽線

上昇局面で反転を示唆

下降局面で反転を示唆

大陽線の中心線を陰線が下抜ける「かぶせ線」

「かぶせ線」は抱き線やはらみ足と違い、1本目が陽線、2本目が陰線の1パターンのみです。

　1本目が大陽線で、2本目が1本目の中心線を下抜ける陰線になった場合にかぶせ線となります。1本目の陽線で大きく上昇したものの、2本目で1本目の半値を割るほど下落し、上昇を打ち消しているため、売りの勢いが強いと判断できます。**特に上昇局面で出た場合は、相場の天井を示唆します。**

大陰線の中心線を大陽線が上抜ける「切り込み線」

「切り込み線」は、かぶせ線の反対で1本目が大陰線、2本目が1本目の中心線を上回る陽線のパターンです。

　日足の場合、大きく下げた前日の終値よりも下で始値が確定しているにもかかわらず、前日の中心線を上回る大陽線で終値が確定していることになります。

　そのため、**上昇局面で切り込み線が出た場合はトレンド継続、下降局面で出た場合はトレンド反転と判断できるので買いサインです。**

大陰線の中心線を上ヒゲが上抜ける「差し込み線」

　切り込み線と似たパターンですが、1本目の中心線を2本目の上ヒゲだけが超えたパターンです。

　切り込み線の場合は2本目の陽線で上昇の勢いが強いことを示唆していますが、差し込み線の場合は2本目の大陽線が1本目の中心線を抜けたところで売りが入り押し返されています。つまり、上昇の勢いが継続しなかったことを示しています。

　そのため、**上昇局面で差し込み線が出た場合は、天井と判断できるので売りサインです。**

実践！　下降局面で切り込み線が出た場合は、下降から上昇への反転を示すため、買いサインを示す。

パターン6 かぶせ線・切り込み線・差し込み線

かぶせ線

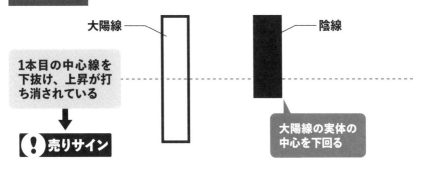

大陽線

陰線

1本目の中心線を下抜け、上昇が打ち消されている

→ (!) 売りサイン

大陽線の実体の中心を下回る

切り込み線

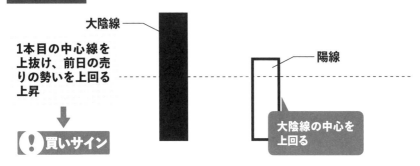

大陰線

陽線

1本目の中心線を上抜け、前日の売りの勢いを上回る上昇

→ (!) 買いサイン

大陰線の中心を上回る

差し込み線

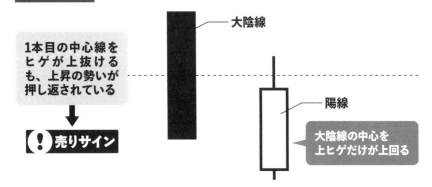

大陰線

1本目の中心線をヒゲが上抜けるも、上昇の勢いが押し返されている

→ (!) 売りサイン

陽線

大陰線の中心を上ヒゲだけが上回る

ローソク足の間隔が
大きく空く窓開け

窓開けは市場が閉まった後に変動要因が発生し、取引時間外に注文が集まった
場合に発生します。発生した方向への勢いが強いことを示すサインです。

時間外の注文が重なることで窓開けする

　２本のローソク足のうち、**前日終値と翌日始値に大きく間隔があるパターンのことを「窓開け」と呼びます。**

　株式市場は平日の９時〜15時（昼休みを除く）が取引時間ですが、それ以外の時間でも一部の証券会社では夜間取引というシステムがあります。その間に買いや売りの注文が多く入ることで、始値と前日終値に大きく間隔ができ窓開けのパターンが形成されます。

　上方向の窓開けをギャップアップ、下方向の窓開けをギャップダウンと呼び、**形成された場合はその方向への勢いが強いと判断できます。**

窓開け後は飛び付かず次の動きを観察

　ただし、ギャップアップやギャップダウンが確認されたからといって、すぐその方向に飛び乗るエントリーはあまりおすすめできません。

　市場の取引時間外に注文が集まるということは、市場が閉まった後の何らかの変動要因から、いち早く利益を得たい投資家が先回りして動いた可能性も考えられます（※何も要因がなくても窓開けをする場合もありますが）。**変動要因のインパクトが想定よりも小さかった場合など、窓開けをした後にすぐ反転するケースも多い**ため、その後の動きを見極めることが重要です。

用語解説

夜間取引　　　　　　　PTS取引とも呼ばれる。取引時間外でも取引ができ、手数料も安い半面、取引
　　　　　　　　　　　の参加人数が少ないため取引が成立しにくいデメリットもある。

パターン7 勢いの強さを示す「窓開け」

ここの時間外に何かの判断材料が生じ、窓ができた ▶ その方向への値動きの勢いが強い

【ソフトバンクグループ（9984）　週足】

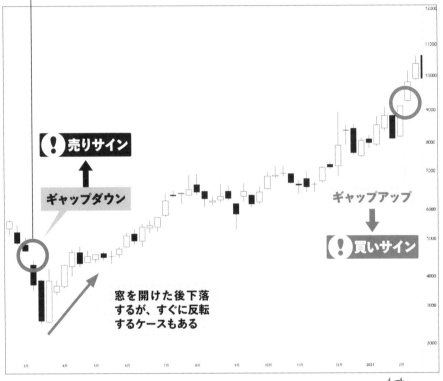

売りサイン

ギャップダウン

窓を開けた後下落するが、すぐに反転するケースもある

ギャップアップ

買いサイン

株価が下がりそうだから今のうちに売っておこう

株価が上がりそうだから今のうちに買っておこう

プロのアドバイス

窓開け後にはその方向に強く動きますが、すぐ反転するケースも多いため見極めることが重要です

窓開けの後に
反対方向に動く窓埋め

窓埋めは、窓開けが起こった後に、その窓を埋めるようにして起こります。窓ができたら、窓埋めを狙った逆張りの戦略が考えられます。

窓開けでできた間隔を埋める動きが「窓埋め」

　窓開けとセットで覚えておきたい値動きが「窓埋め」です。パターンというより、**窓開けでできた空間を埋める価格変動のことを指します。**

　一般的に、窓開けが発生した場合、その窓を埋める動きもどこかで発生するケースが多く、「どこで埋めるか」をセットで考えておいたほうがよいでしょう。

　例えば、右の図では新型コロナの影響で相場が荒れ、何度かギャップダウンやギャップアップが発生しても、短期間ですべて埋めています。

窓埋めは必ず発生するわけではないので注意する

　窓開けは短期の利益を狙う投資家の殺到で発生するケースが多いです。そうした投資家は想定通りに価格が変動すれば利益確定も早いため、ギャップアップの場合ならすぐに売り圧力も強まって窓埋めが発生すると考えられています。

　ただし、図のように窓開け後数日で埋めるケースだけでなく、当日中に埋めるケース、数週間・数カ月後に埋めるケースなど、**相場環境や銘柄の傾向によってタイミングもさまざまです。** また、窓を埋めないケースもあるので、あくまで「窓埋めが発生する可能性が高い」という認識にとどめておくほうがよいでしょう。

実践！　窓開け後のトレンドが落ち着いたところでエントリーして、窓を埋めたところで決済するなどの戦略が考えられる。

パターン8 窓開けとセットで起こる「窓埋め」

窓開けでできた空間を埋める動き ▶ 窓開けの方向への値動きが落ち着いたら逆張りでエントリーを狙える

【KDDI（9433） 日足】

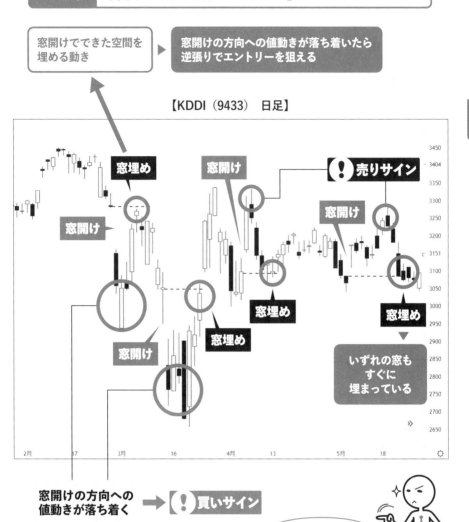

窓埋め

窓開け

窓開け

（！）売りサイン

窓開け

窓開け

窓埋め

窓埋め

窓開け

窓埋め

窓埋め

いずれの窓もすぐに埋まっている

窓開けの方向への値動きが落ち着く ▶ （！）買いサイン

窓開けに乗る投資家は撤退も早いから、反転したら買い時だ

プロのアドバイス

相場環境や銘柄の傾向によっては、必ずしも短期で窓埋めするわけではないので、ほかの指標なども確認しましょう

上昇トレンドへの転換を示すたくり線

たくり線は下降トレンドが長く続いた後に出るローソク足のパターンです。上昇トレンドへの転換サインなので、買いでのエントリーが狙えます。

下降局面では「長い下ヒゲのあるローソク足」に注目

　たくり線は下降局面において、相場の反転（底打ち）を示唆するパターンです。右の図説における1本のローソク足のことを指しますが、**単体では「長い下ヒゲのあるローソク足」**となるので、上ヒゲのない陰のカラカサや、実体のある陰線の場合もあります。重要なのはそれが「**下降トレンドが長く続いた後に出る**」という点で、仮に上昇やレンジの局面で下ヒゲの長いものが出てもたくり線とは呼びません。

たくり線は下降局面終盤の市場参加者の心理を反映する

　下降トレンドが継続すると、上で買い含み損が出ている市場参加者が「もう耐えられない」と投げ売りし始めます。その動きによって大きく株価が下落した後、売りの勢いが尽きてくると、売買のバランスが崩れ、買いが優勢になってきます。この状況を「セリングクライマックス」と呼びますが、たくり線は一度大きく下げて安値を付けた後に、一気に反発しているため、買いが優勢になったことを示します。

　つまり、たくり線は1本のローソク足でセリングクライマックスに至る一連の流れを可視化してくれるわけです。

　特に1カ月程度下降トレンドが続き、明確なたくり線が出た場合には、相場が反転する可能性が高いと考えられています。

実践！　単に下ヒゲが長ければ上昇のサインというわけではない点に注意。下降トレンドが続いている場合に、下ヒゲの長さに注目しておくとよい。

パターン9 | 上昇トレンドへの転換を示す「たくり線」

下降トレンドが続いた後に下ヒゲの
長いローソクが現れた ➡ **【!】買いサイン**

【MonotaRO（3064）　週足】

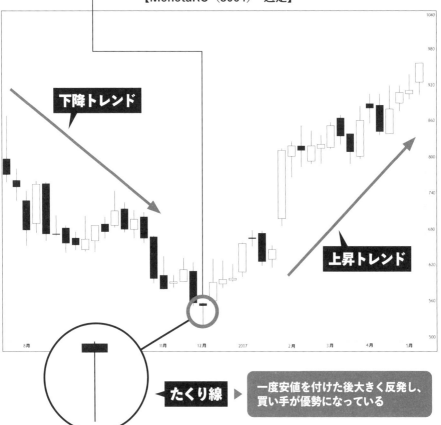

下降トレンド

上昇トレンド

たくり線 ▶ 一度安値を付けた後大きく反発し、
買い手が優勢になっている

プロのアドバイス

長く続いた下降トレンドほどたくり線が出た場合に反転す
る可能性が高くなるので、下ヒゲに注目しましょう

トレンド転換を示す
毛抜き天井と毛抜き底

毛抜き天井は相場の高値圏、毛抜き底は相場の安値圏で発生した場合、転換を示します。ただし、次の値動き次第ではトレンド継続の場合もあります。

「高値（安値）が2本ともほとんど同じ値」がポイント

相場の天井・底をシンプルに示すものが「毛抜き天井（底）」です。

毛抜き天井は、相場の高値圏で2本のローソク足がほぼ同じ水準の高値で止まっている状態、毛抜き底は反対に安値圏で2本のローソク足の安値がほぼ同じ水準で止まっている状態を指します。両者共に、ヒゲか実体かによらず、安値・高値が揃っているかで判断します。完全に同じ値でなくとも、「ほぼ同じ値」と判断できれば毛抜き天井（底）です。

毛抜き天井は、シンプルに**前回の高値を次の足で超えられなかったことを示しているため、同じ株価に並んだほうとは逆方向への短期的なトレンドの転換点になると考えられています。**特に高値圏で上ヒゲが2本続くような場合は、同じような売り圧力で押し戻されると判断され、転換を示唆していることがわかります。

100%反転するわけではないので注意が必要

そのため、例えば下から買っていて含み益が出ている状態であれば、毛抜き天井の出現で利益確定といった判断が可能です。ただし、毛抜き天井（底）が出たからといって100%反転するわけではありません。そのため、**出現後、高値や安値を超えていく動きが出ればトレンド継続と判断するのもひとつの手です。**

用語解説

安値圏・高値圏 —— 一定期間において、株価が安いところを安値圏、高いところを高値圏という。ほかの銘柄との比較ではなく、その銘柄の株価の水準で考える。

パターン10 転換を示す「毛抜き天井」と「毛抜き底」

⚠ 売りサイン ← 高値圏で出現し、2本の高値が同じ

毛抜き天井

【ジャパン・ホテル・リート投資法人（8985） 週足】

次のローソク足が高値を更新しているため、トレンド継続

毛抜き天井

上昇トレンド

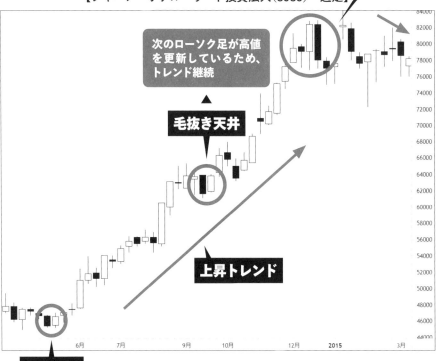

毛抜き底

安値圏で出現し、2本の安値が同じ → **⚠ 買いサイン**

プロのアドバイス

特に高値圏で上ヒゲが2本続く場合は、同じような売り圧力で押し戻されているため、下降トレンドへ転換しやすい

トレンド転換を示す
はらみ寄せ線

はらみ寄せ線はトレンドの終盤に出現する転換のサインです。陽のはらみ寄せ
線は下降、陰のはらみ寄せ線は上昇を示唆します。

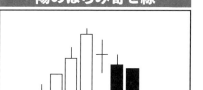

陽のはらみ寄せ線

陰のはらみ寄せ線

2本目の十字線が1本目の勢いの弱まりを示す

　はらみ足のパターンのうち、**1本目が大陽線で2本目が十字線の組み合
わせを「陽のはらみ寄せ線」**、**1本目が大陰線で2本目が十字線の組み合
わせを「陰のはらみ寄せ線」** と呼びます。

　上昇局面で陽のはらみ寄せ線が出れば下向きに、下降局面で陰のはらみ
寄せ線が出れば上向きに反転しやすいと考えられています。

　上昇局面で大陽線が出るとさらなる上昇が期待されるものですが、**2本
目が十字線となることは買いと売りの拮抗を示し、上昇の勢いが弱まった
と判断** できます。陰のはらみ寄せ線も同様で、1本目の大陰線が最後の売
り圧力と判断され、上昇に移行しやすくなると考えられます。

| 実践！ | どちらも「出れば必ず反転する」というわけではないので、続くローソク
足の推移を考えつつ、利確やエントリーの基準にするとよい。 |

パターン11 上昇トレンドへの転換を示す「陰のはらみ寄せ線」

下降トレンド中に大陰線と十字線の組み
合わせによるはらみ線が出現 ➡  買いサイン

【オリンパス（7733）　日足】

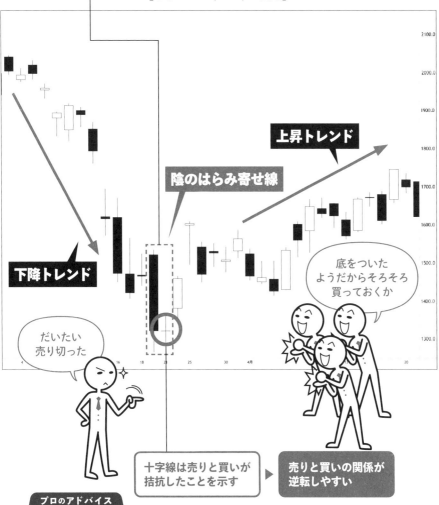

プロのアドバイス

大陽線・大陰線でトレンド継続が予想されても、十字線で
はらみ線になった場合は反転しやすくなります

トレンド継続を示す
上伸途上の十字線

「大陽線＋上にできた十字線」が上昇トレンドの「一休み」を示すもので、続くローソク足が陽線なら買いサイン、それ以外なら天井となります。

新規の買いと一部の利益確定（売り）が拮抗

上昇局面で、**1本目が大陽線、2本目に1本目の高値を超える形で十字線（コマでも可）が形成される**と「**上伸途上の十字線（クロス）**」と呼ばれるパターンとなります。

1本目の大陽線は買いの勢いが強いことを示し、続く2本目の十字線は**新規の買いと、下から買っていた一部の投資家の利益確定の売りが拮抗している**ことを示しています。上伸途上の十字線は基本的に買いのサインとされていますが、重要なのは次の足がどのように動くかをしっかり見極めることです。

続く動きで陽線は買い、それ以外は様子見

多少の売りが出ても、新規で買いたい投資家がすぐ下で待ち構えていたなら、上昇トレンドは継続します。そのため、十字線に続く動きが陽線になれば、さらに価格が上昇する可能性の高い場面ということになるのです。

一方、十字線以降で陰線になる場合は、直前の値動きで相場の天井と考えている市場参加者が多いと判断できるため、買いで入る場合は様子見しておいたほうがよいということになります。

続きを見てからでもトレンドには乗れるので、冷静に判断しましょう。

実践！ 反転のパターンである毛抜き天井などと似ているが、上伸途上の十字線は前回高値を超えているかどうかが判断基準になる。

上昇トレンド継続を示す「上伸途上の十字線」

大陽線の後に十字線が出て、その次の
足も陽線となった　➡　【！】買いサイン

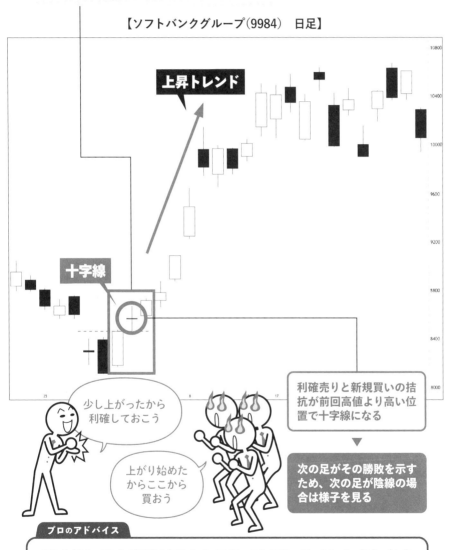

【ソフトバンクグループ（9984）　日足】

上昇トレンド

十字線

少し上がったから
利確しておこう

上がり始めた
からここから
買おう

利確売りと新規買いの拮
抗が前回高値より高い位
置で十字線になる

▼

次の足がその勝敗を示す
ため、次の足が陰線の場
合は様子を見る

プロのアドバイス

基本的には十字線が出たところでも買いサインとされます
が、次の足までしっかり確認することが重要です

問題❶──ローソク足のポイント

下降トレンドが転換した ポイントはどこ？

【サイバートラスト（4498）　日足】

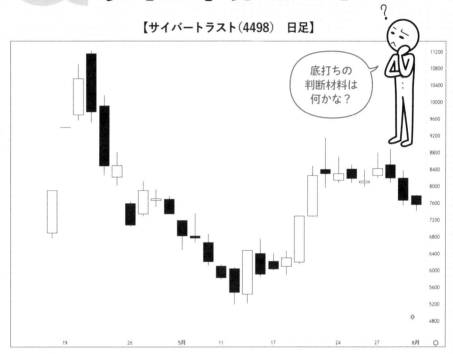

2本のローソク足の特徴的なパターンが発生

　2本のローソク足の組み合わせを使った売買サインについて、振り返ってみましょう。

　上図は2021年4月に新規上場したサイバートラスト（4498）の日足チャートで、上場数日後から続いた下降トレンドが底打ち、後半にかけて上昇しています。このとき、2本のローソク足を組み合わせた特徴的なパターンが発生しているのですが、仮に5月以降に上昇トレンドへの反転を想定して買う場合、何を判断材料にすればよいか考えてみましょう。

問題❷──ローソク足のポイント

上昇トレンドの転換を示すポイントはどこ?

【野村マイクロ・サイエンス(6254) 日足】

上昇トレンドの転換サインが現れたら売却するぞ

トレンドが反転する「明確なサイン」

上昇局面で利確をする際の判断基準についての問題です。

上の図は野村マイクロ・サイエンス(6254)の日足チャートで、前半から中盤を通して上昇トレンドが継続し、12月末以降は下降トレンドに反転しています。

11月の時点でこの銘柄を買っていたと仮定して、このチャート上のどこを利益確定の目安とすればよいでしょうか。チャートの中盤以降で上昇トレンドが終了する明確なサインが出ているので、探してください。

解答❶──ローソク足のポイント

【サイバートラスト（4498）　日足】

下ヒゲが
付いていて
安値が
ほぼ同じだ

「毛抜き底」は一旦のトレンド転換を示す

　正解は、「毛抜き底」です（60ページ参照）。2本のローソク足を見ると、どちらも下ヒゲが付いており、安値がほとんど同じ価格になっています。毛抜き底は下降トレンドからの反転を示します。そのため、買いで入る場合は毛抜き底が出現したら、一旦下降トレンドの底と仮定し、続くローソク足の動きを確認していきましょう。

　ちなみに、1本目の安値のほうが少し下にあるため、完全な形ではないですが、「抱き線」に近い形をしています。こちらも反転のサインです。

練習

解答❷——ローソク足のポイント

【野村マイクロ・サイエンス（6254）　日足】

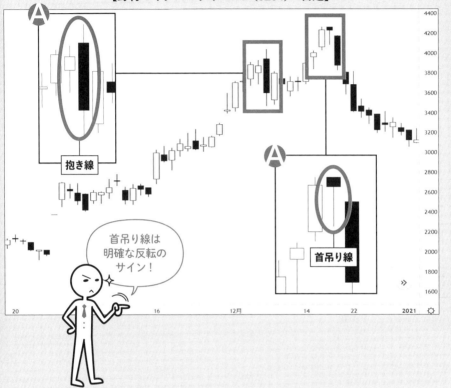

首吊り線は
明確な反転の
サイン！

抱き線

首吊り線

首吊り線は上昇トレンドからの転換を示す明確なサイン

　正解は矢印で示した2カ所です。前者は直前の陽線が大陰線に包まれる「抱き線」で、反発を示すサインとして考えることができます（50ページ参照）。後者は、上ヒゲのまったくない下ヒゲ陰線（＝カラカサ）ですが、高値圏で出た場合は「首吊り線」となり、下方向への反転を示すため売りサインとして考えます（46ページ参照）。

　前者の抱き線では次のローソク足が大陽線であるため、利確は少し悩みますが、首吊り線は明確な反転サインとなります。

応用

サインが重なるほど精度は高くなる

　ここまでローソク足単体、もしくは2本の組み合わせで、主に反転やトレンド継続のポイントを探る分析方法を紹介してきました。実際の相場では複数のサインが重なることもよくあります。

　下の図はGMOインターネット（9449）の日足チャートですが、四角で囲った箇所には2つのパターンが含まれています。ひとつ目は、直前の下降トレンドの最後に出た長い下ヒゲの陰線「たくり線」、2つ目はその後のローソク足を2本合わせて「抱き線」です。

【GMOインターネット（9449）　日足】

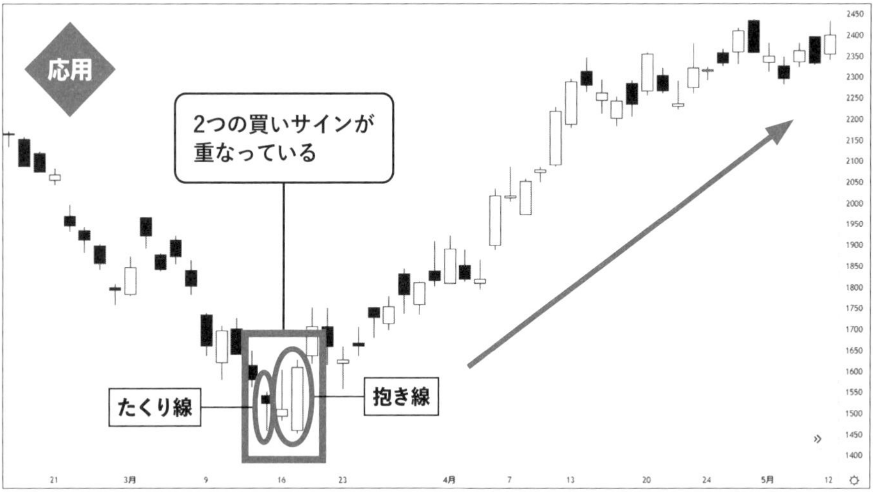

応用

2つの買いサインが
重なっている

たくり線

抱き線

抱き線で明確に反転が意識される

　たくり線は下降トレンドの底を示し、抱き線は相場の反転を示すパターンです。つまり、一度たくり線で底打ちを示すサインが出て、さらにその後の抱き線で明確に反転が意識された場面と考えることができます。

　それぞれ単体で出た場合は「そろそろ反転が意識されるかな……」程度に認識されますが、複数のサインが重なった場合はより精度が高くなるので、注目しておきましょう。

第 4 章

基本チャートパターン

ローソク足で つくられる基本の チャートパターン

複数のローソク足をひとつのパターンとして見るのが「チャートパターン」です。代表的な酒田五法や、天井・底を示すパターン、保ち合い相場を示すパターンなどを紹介します。

Keywords

● 酒田五法

● 天井・底

● 保ち合い

● ダウ理論

● 抵抗・支持線

● 押し目

相場の天井を示す
三山・三尊

酒田五法のひとつであり、相場の高値圏で現れ、天井を示す代表的なチャートパターンです。ネックラインを下抜けると売りサインになります。

3度天井を試して跳ね返され売り圧力が強まる

　複数のローソク足をひとつのパターンとして見るのが「チャートパターン」ですが、そのなかでも最も代表的なものが「三山（さんざん）、三尊（さんぞん）」です。

　どちらも上昇局面で出るとトレンドの天井を表すパターンで、三山は文字通り3つの山（高値）がほぼ同じ位置で形成されます。三尊は三山の変形で、2つ目の山が高い形状で、海外でも「ヘッド＆ショルダーズ・トップ」というチャートパターンで知られています。

　どちらも、3度上昇を試し、最終的に跳ね返されているため、**「売り圧力が強い」**と判断され、**上昇トレンドから下降トレンドへの転換を示すサインとして考えられています。**

パターンの完成はネックラインの下抜けに注目

　特に三尊は、2つ目の山まで上昇トレンドが継続してから、高値超えに失敗したと捉えられるため、3つ目の山が完成した時点で売りが入りやすく、相場の分岐点となることが多いのです。

　その際、**ひとつ目と2つ目の安値を結んだ「ネックライン」を下抜けるかどうかが三尊形成の目安となる**ため、相場に2つ目の山が形成されたらネックラインは常に注目しておきましょう。

用語解説	
酒田五法	江戸時代の米商人・本間宗久が考案したローソク足の分析法のこと。酒田罫線とも呼ばれる。大きく5つのパターンに分けられる。

パターン13 三尊（ヘッド＆ショルダーズ・トップ）

3つ目の山が2つ目の山を超えられずに
ネックラインを下抜けた ➡ **(!) 売りサイン**

【ファーストリテイリング（9983） 日足】

上昇トレンド

ネックライン

下降トレンド

❶ ❷ ❸

2度目より低いところで
跳ね返されるなら、
もう無理そうだから
売ってしまおう

三尊

3度上昇を試みるも跳ね
返されるほど売り圧力が
強いということ ▶ **トレンド転換しやすくなる**

プロのアドバイス

**3つ山をつくったところで、ネックラインの下抜けが転換
のサイン。山が連続したら安値にも注目しましょう**

相場の底を示す
三川・逆三尊

酒田五法のひとつであり、相場の安値圏で現れ、底を示す代表的なチャートパターンです。ネックラインを上抜けると買いサインになります。

3度の安値下抜け失敗で買い圧力が高まる

　こちらは三山、三尊と反対に、どちらも安値圏で形成されると、下降トレンドが底打ち、上方向への反転を示すチャートパターンです。

　三川（さんせん）は三山と反対に、下向きの谷（安値）がほぼ同じ水準で跳ね返る形状です。逆三尊（ぎゃくさんぞん）は三尊の逆で、3つの谷のうち、2つ目の谷が最も深く、3つ目が下抜けられないまま跳ね返る形状です。海外では「ヘッド＆ショルダーズ・ボトム」と呼ばれています。

　三川については、**ひとつ目の安値とほぼ同じ水準で3度跳ね返されるため、市場心理として「売り圧力が少ない」と判断され、上昇が期待されるようになる**と考えられています。

チャートパターン完成はネックライン上抜けを意識する

　逆三尊は2つ目の谷まで下降トレンドが継続していますが、3つ目の谷で下降トレンドの継続失敗が明確になるので、相場の転換が強く意識され買われやすくなるという考え方です。

　三川、逆三尊どちらも**ひとつ目と2つ目の高値を結んだネックラインを上抜けることでパターン完成と判断されます**。3つ目の形成途中で買う方法もありますが、反発して2つ目の安値を下抜ける可能性もあるため、基本的にはネックライン上抜けを意識したほうがよいでしょう。

☑Check!　**三山の反対のパターンではなく、3本のローソク足によってつくられるチャートパターンを三川と呼ぶ場合もある。**

パターン14　逆三尊（ヘッド＆ショルダーズ・ボトム）

**3つ目の谷が2つ目の谷より下がらずに
ネックラインを上抜けた** ➡  買いサイン

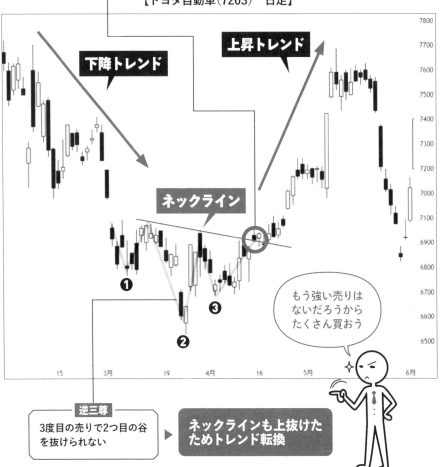

【トヨタ自動車（7203）　日足】

下降トレンド

上昇トレンド

ネックライン

❶

❷

❸

もう強い売りは
ないだろうから
たくさん買おう

逆三尊
3度目の売りで2つ目の谷
を抜けられない ▶ **ネックラインも上抜けた
ためトレンド転換**

プロのアドバイス

**3つ谷をつくったところでネックラインの上抜けが転換サ
イン。谷が連続したら高値に注目しましょう**

トレンド終了を示す
三空

酒田五法のひとつであり、3連続で窓を開けるチャートパターンです。トレンドの終盤で現れるため、上昇局面では3つ目の窓が出たら利確のサインです。

相場格言「三空は売り」

　第3章で解説した窓開けは「空（くう）」とも呼ばれており、右図のように3連続で窓開けするパターンのことを三空（さんくう）と呼びます。

　窓開けについては、基本的に上昇局面で出ると、上方向への勢いが強く、下降局面では下方向の勢いが強まるサインとして考えられています。

　ただし、「三空は売り」という相場格言があるように、**三空の場合は逆に上昇局面では「売り」、下降局面では「買い」を示すパターンです。**

上昇局面で三空が出たら利益確定を考える

　そもそも、窓開け自体がその方向に注文が集中することから勢いが強いと判断します。ただし、それが3回も出現するということは、窓開けした方向に売買のバランスが過度に偏っていることを示しています。

　となると、上方向の三空であれば、**買いが買いを呼ぶことで売り手が急激に少なくなり、利益確定の売りが徐々に増えることで下げが意識されやすくなります。**そうした下げに巻き込まれないためにも、相場で三空が確認できたら早めに利益確定するなどして対応したほうがよいでしょう。

　一方、下降局面で三空が出た場合は相場が底打ちするサインでもあるので、以降の動きに注目しつつ、買いエントリーの判断材料とすることができます。

☑Check!　**窓を開ける4本のローソク足がすべて陽線のとき（77ページ参照）は「三空踏み上げ」、すべて陰線のときは「三空叩き込み」という。**

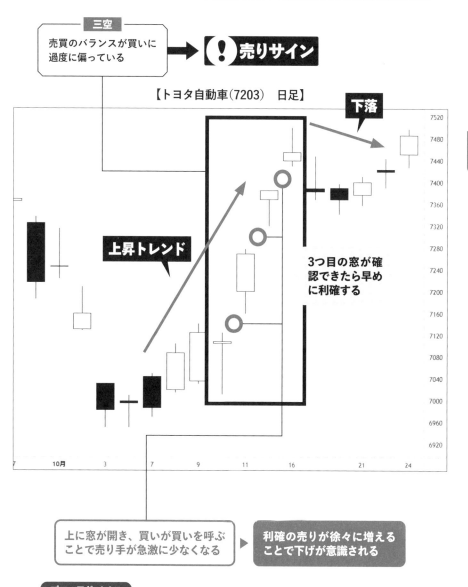

三空
売買のバランスが買いに過度に偏っている

➡ **⚠️ 売りサイン**

【トヨタ自動車（7203）　日足】

下落

上昇トレンド

3つ目の窓が確認できたら早めに利確する

上に窓が開き、買いが買いを呼ぶことで売り手が急激に少なくなる

➤ 利確の売りが徐々に増えることで下げが意識される

第**4**章

基本チャートパターン

プロのアドバイス

買いでポジションをもっている場合は、利確の下げに巻き込まれないよう三空が出たら早めに利確しましょう

トレンド初期に出る三兵

酒田五法のひとつであり、トレンド転換の初期段階で出るチャートパターンです。安値圏で出た場合は買いサインとなります。

上昇局面は「赤三兵」、下降局面は「黒三兵」

三兵（さんぺい）とは3つの連続した窓を開けないローソク足の形状のことで、通常、陽線のみで形成される「赤三兵（あかさんぺい）」と、陰線のみで形成される「黒三兵（くろさんぺい）」の2つで使い分けます。

赤三兵で注目したいのは、相場の底値から反転する場面で出現するシチュエーションです。

右図では安値の更新が何度か否定され、その後に赤三兵が出ており、3本連続で高値を更新しながら上昇しています。これは安値圏からトレンドが転換し、**上昇トレンドに変化していく初期段階の動きを示しており、買いのサインとなります。**特に上ヒゲのない赤三兵はより強い形です。

高値圏の赤三兵、安値圏の黒三兵は相場の終盤を示す

反対に黒三兵は、相場の天井圏から下降トレンドへと転換する初期に出ると強い売りサインとなります。特に下から買って含み益が出ている状態で、押し目を待ってさらに利益を伸ばすかどうか悩んでいるような場合、黒三兵が確認できたら利益確定を行うといった判断に活用できます。

また、赤三兵、黒三兵どちらにもいえることですが、**トレンドがある程度進んだ状態ではむしろ相場の終盤である可能性が高い**ので、安易に売買サインとして捉えないほうがよいでしょう。

☑Check!　高値圏で3本目のローソク足に上ヒゲが付いている赤三兵は「赤三兵先詰まり」といわれ、上昇の勢いが弱くなっているサイン。

パターン16 上昇トレンドを示す「赤三兵」

赤三兵
安値圏で3本の陽線が窓を開けずに高値を更新しながら上昇 ➡ **(!)買いサイン**

【日本電産(6594) 週足】

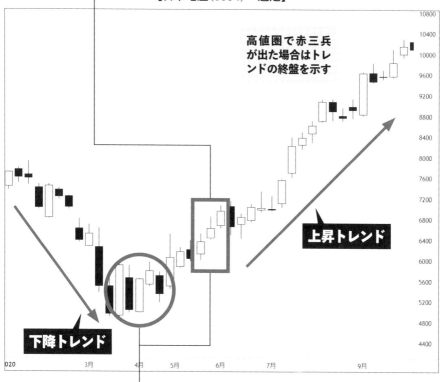

高値圏で赤三兵が出た場合はトレンドの終盤を示す

上昇トレンド

下降トレンド

安値圏で安値の更新が何度か否定された後に赤三兵が出た ➡ **上昇トレンドに転換する初期段階**

プロのアドバイス

同じ赤三兵でも安値圏で出るか高値圏で出るかでその後の値動きが変わるので、出る場所に注目しましょう

トレンド継続を示す
三法

酒田五法のひとつであり、トレンドの中盤に現れるチャートパターンです。トレンド継続を示すので、順張りでトレンドを追うのに向いています。

三法は順張りでの売買ポイントを示す

　三法（さんぽう）は上昇局面で出る「上げ三法（あげさんぽう）」、下降局面で出る「下げ三法（さげさんぽう）」の2つがあり、トレンド継続が確定する場面で順張りの売買ポイントを示したチャートパターンです。

　上げ三法の場合、右図のように

①**大陽線が出る**

②**①にはらまれる形でローソク足が推移する**

③**陽線が出て①の高値を超える**

この一連の流れを示していて、下げ三法はこの逆です。

トレンド途中の相場心理を利用して売買ポイントを判断

　上げ三法の例で考えると、上昇局面のなかで①の状況になると、下から買っている投資家は利確したくなります。その結果、一時的に売り圧力が強まり、新規の買いと圧力が拮抗することで②のレンジに移行します。その後、上昇トレンドが継続する場合、利益確定の売りが減ると買い圧力が強まるため、③のように上昇トレンドが再開します。

　上げ三法は**トレンドが一段落してから、再度勢いが強まる投資家心理の過程を見事にチャートパターンとして落とし込んだ手法です。**順張りでトレンドを追う投資手法を採用している際は注目しておきましょう。

☑Check!　　三法には、売買するだけでなく休むことの重要性を説いた「売るべし、買うべし、休むべし」という投資格言の意味もある。

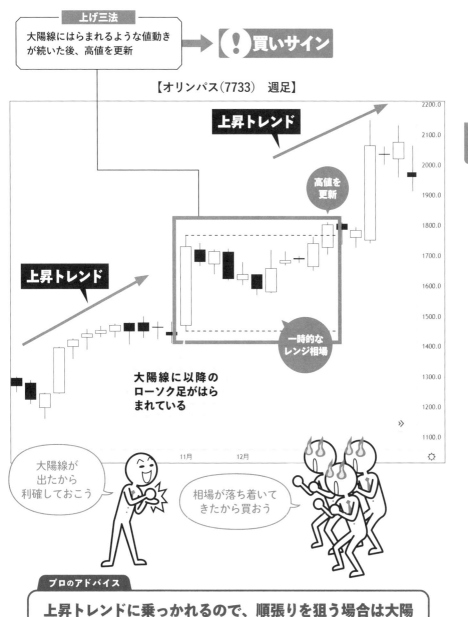

上げ三法

大陽線にはらまれるような値動き
が続いた後、高値を更新

→ **（!）買いサイン**

【オリンパス（7733）　週足】

上昇トレンド

上昇トレンド

高値を
更新

一時的な
レンジ相場

**大陽線に以降の
ローソク足がはら
まれている**

大陽線が
出たから
利確しておこう

相場が落ち着いて
きたから買おう

プロのアドバイス

**上昇トレンドに乗っかれるので、順張りを狙う場合は大陽
線後の値動きに注目しましょう**

相場の天井を示す
ダブルトップ

上昇トレンドの終盤に現れるサインです。比較的よく見られるパターンで、「2つの山」から相場の天井をシンプルに判断できます。

高値の上抜け失敗で売りが入りやすくなる

　ダブルトップは上昇トレンドの反転を示すシンプルなチャートパターンです。文字通り、特徴的な「2つの山」の形状ができればダブルトップと判断します。

　考え方としては三山や三尊と似ていて、ひとつ目の山（高値）で一旦下げた後、再度高値の上抜けを試したところ上昇の勢いが弱まり、「高値の上抜け失敗」と判断されるため売り圧力が強まりやすくなるのです。

ダブルトップは数あるチャートパターンのなかでも比較的出現しやすく、形状もシンプルなので特に注目されやすい点も特徴のひとつです。

チャートパターンの完成はネックラインの下抜けに注目

　もちろん、ダブルトップのパターンが完成した後に、2つ目の山を上抜けて上昇トレンドが継続する場合もありますが、上昇トレンドの勢いが一旦弱まった際にまず「ダブルトップができるのか？」に注目が集まるため、その意味でも重要なチャートパターンだといえます。

ダブルトップの完成は、三山・三尊と同様にネックラインを下抜けるかどうかで判断します。ダブルトップの場合は、ひとつ目の山の後にできる安値から水平に伸ばした線がネックラインとなるので、常に注目しておきましょう。

☑Check!　**2つ目の山がひとつ目の山より高い場合は、高値を更新していることになるので上昇の勢いが強く、ダブルトップとはいわない。**

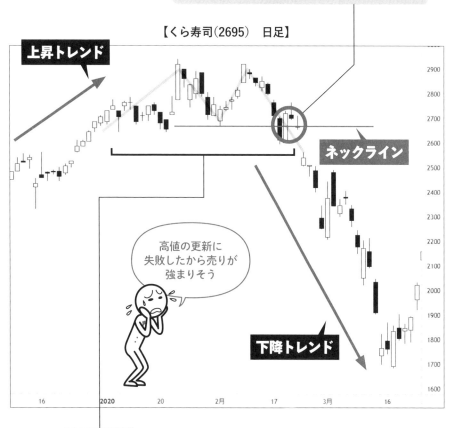

パターン**18**　天井を示す「ダブルトップ」

(!)売りサイン ←　2つ目の山がひとつ目の山を超えられずにネックラインを下抜けた

【くら寿司（2695）　日足】

上昇トレンド

ネックライン

高値の更新に失敗したから売りが強まりそう

下降トレンド

ダブルトップ
上昇トレンドにおいてひとつ目の山の高値を更新できない

▶ **上昇の勢いが弱くなりトレンド転換しやすくなる**

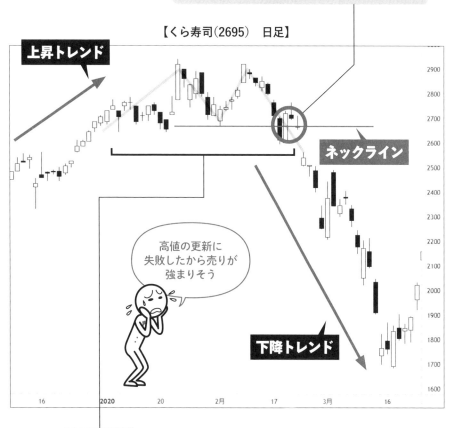

プロのアドバイス

上昇トレンドでよく見られるチャートパターンなので、ネックラインを下抜けるかに注目しましょう

第**4**章　基本チャートパターン

相場の底を示す
ダブルボトム

下降トレンドの終盤に現れ、「2つの谷」が上昇トレンドへの転換を示すパターンです。ネックラインを上抜けがひとつの目安になります。

ネックラインの上抜けでパターン完成を判断する

　ダブルボトムはダブルトップの反対で、「2つの谷」の形状をしたチャートパターンです。特に下降トレンドの勢いが停滞し、2つ目の特徴的な安値を付けて上昇するとダブルボトムと判断され、上方向への反転を示すサインと考えられています。

　ダブルボトムも、ひとつ目の谷ができた後の高値から水平に引いた線がネックラインとなり、これを上抜けるとチャートパターンの完成と判断されています。

注目されやすいパターンなので「ダマシ」には注意

　ダブルボトムを基準として買う場合、ネックラインの上抜けを確認してからエントリーが基本です。ただし、ダブルトップと同様にダブルボトムも相場において有名で非常に意識されやすいチャートパターンのひとつであるがゆえに、ダマシも発生しやすい点には注意する必要があります。

　より慎重にエントリーする場合は、ネックラインの上抜けはスルーして、再度高値を更新する動きに合わせてエントリーする戦略が有効です。ネックラインの上抜けで急騰した場合は逆にエントリーの機会を逃してしまう可能性がありますが、損切りポイントの設定もしやすくなるため、安全な取引がしやすくなります。

用語解説	
ダマシ	テクニカル分析において、一度売買サインが出たにもかかわらず反対方向に株価が動くこと。時間軸が短いほど起こりやすい。

パターン19 ダブルボトム後の高値更新

【❗買いサイン】 ← ダブルトップ発生後、一度下がってから再度高値を更新

【レーザーテック（6920）　日足】

ダブルボトム
下降トレンドにおいて2つの谷をつくって反発

高値

ネックライン

上昇トレンド

下降トレンド

2つ目の谷ができた後、ネックラインを上抜けた ➡ 【❗買いサイン】 ➡ ダマシの可能性もある

プロのアドバイス

ネックラインの上抜けではなく、一度下げてから再び高値を更新するタイミングを狙うとより安全です

トレンド転換を示す
アイランド・リバーサル

アイランド・リバーサルは高値圏や安値圏で「離れ小島」のような形で発生し、短期的なトレンド転換を示すパターンです。

窓開け、窓埋めが短期間で行われる

　相場の高値圏や安値圏で窓開けが出現し、その後短期間で反対方向への窓開けによって窓が埋められることで、離れ小島のように見えるチャートパターンのことをいいます。

　リバーサルは「反転」の意味で、下降トレンドで出れば上方向への反転、上昇トレンドで出れば下方向への反転のサインと考えられています。

　前述したように、例えば上方向に窓開けが発生した場合、短期的には上昇の勢いが強いと判断します。ただし、その後**もみ合いにならず、すぐに窓が埋められるということは、目先の売買のバランスが売りに傾いていることを示唆していいます**。そのため、直近の上方向の勢いは弱気だと意識されるのです。

アイランド・リバーサルは短期のトレンド転換のサイン

　ただし、アイランド・リバーサルは本格的なトレンド転換の判断材料とするには少し弱いチャートパターンなので、**あくまで「短期的なトレンド転換のサイン」**と捉えておいたほうがよいでしょう。

　例えば、上昇局面で下から買って含み益がある場合など、アイランド・リバーサルが出現したら一旦利益確定をしておく、といった使い方が一般的です。

用語解説	
もみ合い	売りと買いが均衡し、値動きが上下どちらにも方向感がない状態のこと。レンジ相場を「もみ合い相場」という場合もある。

短期的に下降トレンドへの転換を示す

アイランド・リバーサル
高値圏で上に窓が開き、その後すぐに窓が埋められる

【トヨタ自動車（7203）　日足】

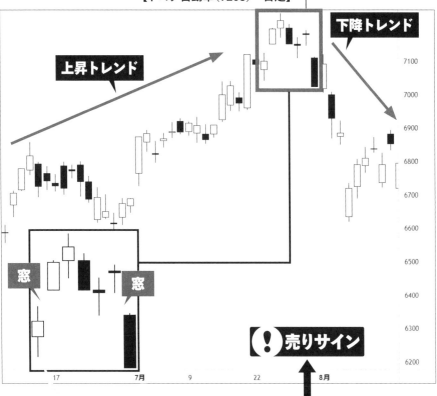

上昇トレンド

下降トレンド

窓

窓

売りサイン

上に窓が開き、短期的に上昇の勢いがあると判断できる

しかし、すぐに反対方向に窓が開くことで上昇の勢いが弱まる

第**4**章

基本チャートパターン

プロのアドバイス

トレンド転換の判断材料としてはあまり強くないため、エントリーではなく利確の目安にするのが一般的です

反転を示すダイヤモンドフォーメーション

ダイヤモンドフォーメーションは安値圏や高値圏に現れ、反転を示す特殊なチャートパターンです。ブレイクしたところが売買サインです。

ひし形のチャート形状

　ダイヤモンドフォーメーションは少し特殊なチャートパターンです。文字通り、三角形を2つ合わせたようなひし形（ダイヤモンド）の形状で、中心部の値幅が大きく、両端に行くほど値幅が小さくなります。

　ダイヤモンドフォーメーションは基本的にはトレンド反転（リバーサル）のパターンとして知られていて、**高値圏で出れば「売り」、安値圏で出れば「買い」**のサインと考えられています。

　中心部で一度トレンド方向の高値や安値をブレイク（上抜け・下抜け）しようとしますが、大きく反発され、そこから株価がもみ合い、何度か切り上げや切り下げされることで、反対方向への圧力が高まった結果、反発が起きやすいパターンだと考えられています。

　例えば右図のような下降局面では、右側の上辺をネックラインとして考え、このラインを上抜けたら買いのエントリーを行います。

直前の安値までの値幅を利益確定の基準に使う

　また、下降局面の場合、**利益確定は直前の安値までの値幅を基準に、ブレイクしたポイントから同じ幅を目安とすることができます。**

　ダイヤモンドフォーメーションの発生する頻度は少ないですが、見つけた場合は反発を狙った戦略を考えるのもひとつの手です。

実践！ 　下降局面でダイヤモンドフォーメーションが発生し、上方向にブレイクせず下方向にブレイクした場合は、トレンド継続を示す。

パターン21 　ダイヤモンドフォーメーション

⚠️**買いサイン** ← **下降局面で発生したダイヤモンドフォーメーションのネックラインを上抜けた**

【ソフトバンクグループ（9984）　4時間足】

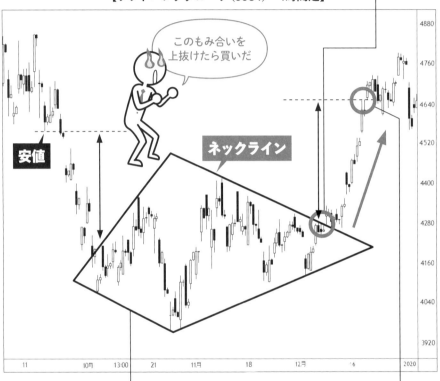

このもみ合いを
上抜けたら買いだ

安値

ネックライン

ダイヤモンドフォーメーション
中心部の値幅が大きく、両端に行くほど値幅が小さくなり、ひし形のような形をつくるチャートパターン

直前の安値までの値幅と同じくらい上昇したら利確の目安

プロのアドバイス

発生する頻度は少ないですが、利確の目安もわかりやすいので、見つけたらブレイクする方向に注目しましょう

トレンド転換を示す
カップウィズハンドル

カップウィズハンドルは下降トレンドの終盤に現れる海外で人気のチャートパターンです。上昇トレンドへの転換を示唆します。

「取っ手付きティーカップ」のような形状

　カップウィズハンドルはアメリカの投資家であるウィリアム・オニールが提唱した、株価が上昇する銘柄を見分けるためのチャートパターンで、特に海外では多くの市場参加者が注目しています。

　カップウィズハンドルができるまでの過程は、ある程度の上昇が発生し、その後に株価が下落。そして、下降した株価が底打ちして、再び上昇し、下降前の水準まで上昇することで「カップ」の部分が形成されます。

　その後、**一時的に下降してから再度上昇して「ハンドル」が形成され、カップの高値を上抜けると完成です。**

ハンドル部分を上抜けすると値動きが加速しやすい

　このときの市場参加者の心理は、最初の上昇後、利確の売りが入って株価が下がるのですが、最初の上昇の材料が本当によい材料の場合、見直し買いが入ってカップの右半分を駆け上がります。そして下降前の水準まで上昇した後、株価が下がる前に買った人の「ようやく買値まで戻ってきた」といういわゆる「ヤレヤレ売り」が入りハンドル部分が形成されます。

　しかし、ヤレヤレ売りが尽きると再び材料が注目されて買われ、**ハンドルの左端の高値上抜けによって、トレンド継続と判断した投資家の新規の買いが集中して、本格的な上昇トレンド開始のサインとなるのです。**

実践！　買いエントリーを行う場合は、カップの高値、もしくはハンドルの高値をブレイクするタイミングが適している。

パターン22　上昇トレンドを示す「カップウィズハンドル」

下降前の水準まで上昇後、一時的に下
降してから再度上昇し高値を上抜けた ➡ **【！】買いサイン**

【MonotaRO（3064）　週足】

カップ　ハンドル

上昇トレンド

下降トレンド

高値を更新したから
上昇トレンドは
継続だ

カップウィズハンドル
株価下落前の高値で買った投資家の利確
で、一時的に売り圧力が高まってハンド
ル部分が形成される

プロのアドバイス

**株価が底をついた後すぐに飛び乗らずに、ハンドル部分が
つくられるのを待ってエントリーしましょう**

トレンド転換を示す
ソーサーウィズハンドル

ソーサーウィズハンドルは、カップウィズハンドルと同様、安値圏で現れ、強い上昇トレンドへの転換を示唆するチャートパターンです。

お皿のように滑らかに底値を形成する

　ソーサーウィズハンドルはトレンドの反転を示唆するチャートパターンで、相場の高値圏で出現すると「ソーサートップ」、安値圏では「ソーサーボトム」と呼ばれています。

　ソーサーとは「お皿」のことで、ソーサーボトムの場合、価格が安値圏で底打ちして横ばいになり、ゆっくりと上昇することでお皿のような形状になります。

　ソーサーボトムやソーサートップを使ってエントリーのタイミングを分析する場合、前述のカップウィズハンドルと似た考え方をします。

　つまり、ソーサーの部分が完成した後、カップウィズハンドルにおける**ハンドルの高値や安値をネックラインとし、このラインをブレイクしたらエントリー**が基本的な戦略となります。

出来高と組み合わせると分析の精度が上がる

　また、カップウィズハンドルとソーサーウィズハンドルどちらにもいえることですが、出来高と組み合わせると、より精度が高まります。ソーサーボトムやカップの後半で、横ばいから上昇に転じていく際に**出来高の増加を伴ってハンドルが形成されると、買い手の総数が増加しているため、ネックラインブレイク後に上昇の勢いが強まる可能性が高くなります。**

用語解説

ソーサートップ　　　　　　　　高値圏で現れるチャートパターン。ソーサーボトムとは反対に皿をひっくり返したような形で、下降トレンドへの転換を示す。

パターン23 上昇トレンドを示す「ソーサーウィズハンドル」

底打ちして横ばいになり、ゆっくりと上昇したのち一度下げて高値を上抜けた ➡ **(!)買いサイン**

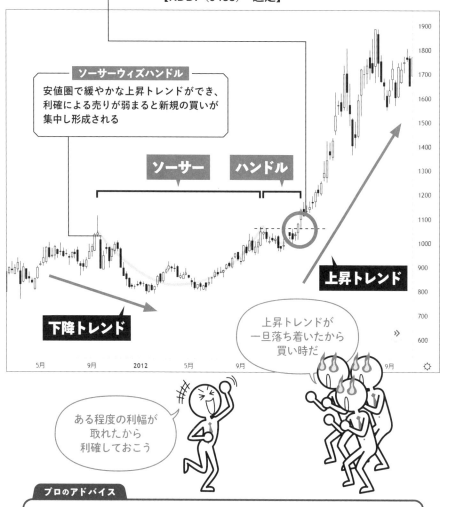

【KDDI（9433） 週足】

ソーサーウィズハンドル

安値圏で緩やかな上昇トレンドができ、利確による売りが弱まると新規の買いが集中し形成される

ソーサー　ハンドル

上昇トレンド

下降トレンド

上昇トレンドが一旦落ち着いたから買い時だ

ある程度の利幅が取れたから利確しておこう

プロのアドバイス

長い時間をかけてつくられ、強い上昇トレンドを示唆するので、安値圏では注目しておきましょう

株価の膠着を示す
トライアングル

トライアングルは、値幅が先端に向かって狭まっていく保ち合いのチャートパターンです。ブレイクする方向で次のトレンドが決まります。

三角形が崩れた方向に大きく動く

株価が一定の範囲内で膠着しながら動いている状態を「保ち合い（もちあい）」といい、保ち合いのなかでも株価の上下動の幅が徐々に狭くなり三角形に近づく状態を「トライアングル（三角保ち合い）」と呼びます。

一般的にトライアングル形成中は力を溜め、**三角形が崩れたタイミングで上下どちらかの方向に大きく動くことが多い**と考えられています。

トライアングルには3つの形状がある

ひとつ目の「**ペナント（シンメトリカルトライアングル）」は二等辺三角系で売りと買いの圧力が拮抗しており、株価がどちらに向かうか不透明なパターンです。**基本的には抜けた方向へ大きく動く傾向があります。

2つ目の「**アセンディングトライアングル」は三角形のラインを引いたとき、上辺が水平で、安値だけが切り上がっているパターンです。**このトライアングルが出現するときは市場参加者が強気になっていることが多く、上辺を上抜けることで一気に買いが入るため、買いサインになります。

3つ目の「**ディセンディングトライアングル」は先程と反対に、下辺が水平で高値が切り下がっているパターンです。**下辺付近で買っても前回高値より下で売られているため、弱気の市場参加者が多いと判断され、下辺を下抜ける動きになれば売りが加速しやすいチャートパターンです。

実践！ ▶ トライアングルをブレイクするローソク足の出来高が大きい場合は、その方向への勢いが強く、株価が大きく動くと判断できる。

(!) 売りサイン ← 何度か反発したトライアングルの下辺を
下抜ける

【BASE（4477）　日足】

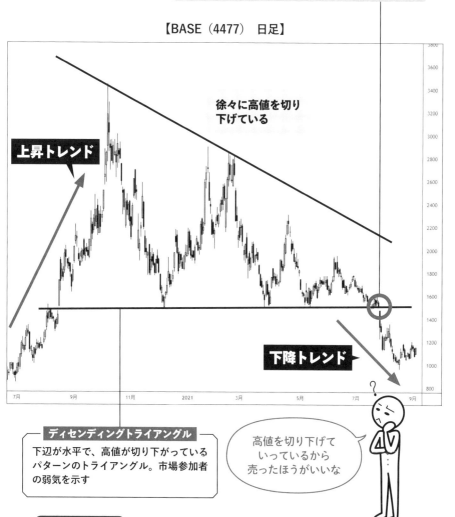

徐々に高値を切り
下げている

上昇トレンド

下降トレンド

第**4**章

基本チャートパターン

ディセンディングトライアングル
下辺が水平で、高値が切り下がっている
パターンのトライアングル。市場参加者
の弱気を示す

高値を切り下げて
いっているから
売ったほうがいいな

プロのアドバイス

どのパターンもブレイクした方向に動くので、値幅が狭く
なっているときは次の動きに注目しましょう

トライアングルの派生 ウェッジ

ウェッジは角度のある細いトライアングルのことで、トレンド相場で現れるチャートパターンです。発生した時点で次の値動きが決まります。

「楔型」のトライアングル

　前述のトライアングルについては、上昇・下降どちらの局面でも、三角形を抜けた方向にトレンドが発生しやすいと判断されます。一方、トライアングルの派生形である「ウェッジ」は、**あらかじめ抜けやすい方向が決まっているチャートパターンです**。ウェッジとは楔のように三角形の上辺と下辺の幅が狭い形状の保ち合いのことを指します。

ウェッジには4つのパターンがある

　ウェッジには「上昇ウェッジ」と「下降ウェッジ」があり、それぞれ上昇局面と下降局面で分類し、合計4種類があります。**上昇ウェッジはどちらの局面で出ても基本的に「売り」、下降ウェッジは反対に「買い」と判断されます。**

　上昇ウェッジの例でいえば、安値と比較して高値の切り上げ幅が徐々に狭くなっているため、買い手の勢いが弱くなっていると判断できます。そうすると、市場参加者の心理としては、上昇ウェッジの下辺を抜けたタイミングで売りが出やすくなると考えられるのです。

　下降ウェッジは反対に、高値と比較して安値の切り下げ幅が小さくなっているため、上昇トレンド・下降トレンドどちらの局面に出現した場合でも「売り手の勢いが弱まっている＝上辺抜けで買い」と判断されます。

実践！　上昇局面の下降ウェッジと下降局面の上昇ウェッジはトレンド継続、下降局面の下降ウェッジと上昇局面の上昇ウェッジは転換を示す。

パターン25　上昇トレンドを示す「下降ウェッジ」

買いサイン ← 上昇トレンド後、切り下げていた高値の
ラインを上抜けた

【日本たばこ産業（2914）　日足】

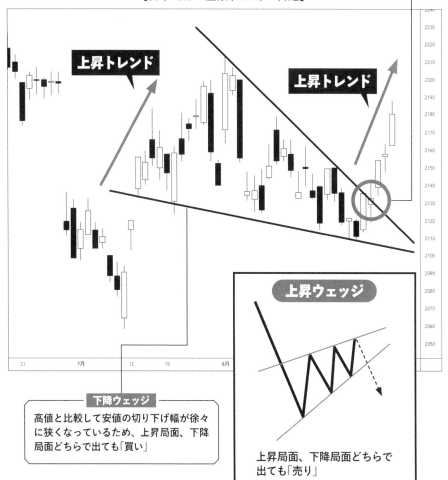

上昇トレンド

上昇トレンド

上昇ウェッジ

下降ウェッジ
高値と比較して安値の切り下げ幅が徐々
に狭くなっているため、上昇局面、下降
局面どちらで出ても「買い」

上昇局面、下降局面どちらで
出ても「売り」

プロのアドバイス

**トライアングルと違い、発生した時点で次の値動きが予想
できるので、抜けたタイミングを狙いましょう**

トレンド継続を示す
フラッグ

フラッグはトレンド中盤に現れる「旗」のような形状の保ち合いチャートパターンです。上昇フラッグは上昇局面で、下降フラッグは下降局面で出ます。

「上昇フラッグ」「下降フラッグ」の2種類がある

　保ち合いの形状のなかで、旗のように平行な2本のラインのなかに値動きが収まるようなパターンのことを「フラッグ」と呼びます。フラッグには右肩下がりの「上昇フラッグ」と右肩上がりの「下降フラッグ」の2種類があり、上昇局面で上昇フラッグが出た場合は「買い」、下降局面で下降フラッグが出れば「売り」のサインとなります。

　フラッグは上昇フラッグであれば上辺、下降フラッグであれば下辺をそれぞれ価格がブレイクすれば完成です。

　右図を見ると、上昇トレンドに対しては上昇フラッグの上辺ブレイクが出ることによって、トレンドの継続が確定するポイントとなっていることがわかります。これは、利益確定などでトレンド方向への勢いが一旦落ち着いた後、保ち合い（フラッグ）をブレイクしトレンド継続が再確認されたことによって、新規の買い手や売り手にとって参加しやすい状況になるためです。

フラッグは「ポール」の部分にも注目

　また、フラッグについては、保ち合いに入る前の伸び幅も注目しておきましょう。これは「フラッグポール」と呼ばれ、**フラッグのブレイク後、フラッグポールの値幅が利確のポイントとして意識されます。**

実践！　フラッグのブレイク後はトレンド方向に株価が伸びていきやすくなるため、フラッグの前のトレンドを確認する。

上昇トレンドにおいて高値を切り下げる
ように推移した後、高値を上抜ける ➡ **買いサイン**

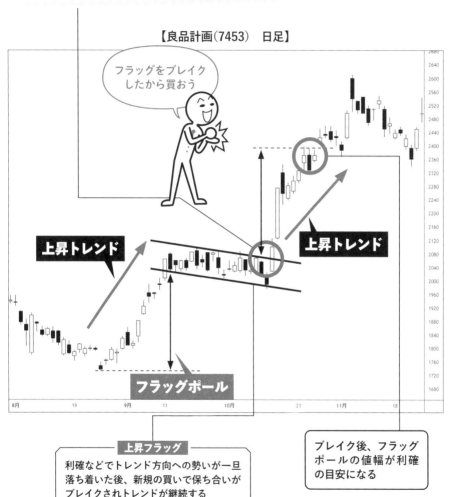

【良品計画（7453） 日足】

フラッグをブレイク
したから買おう

上昇トレンド

上昇トレンド

フラッグポール

上昇フラッグ

利確などでトレンド方向への勢いが一旦
落ち着いた後、新規の買いで保ち合いが
ブレイクされトレンドが継続する

ブレイク後、フラッグ
ポールの値幅が利確
の目安になる

プロのアドバイス

**上昇トレンド中に高値と安値が同じ値幅で切り下げたら、
上昇フラッグの上抜けを狙いましょう**

ブレイクの方向に伸びる ボックス

ボックスはレンジ相場の典型的なチャートパターンです。ブレイクする方向によって、それまでのトレンドが継続するか反転するか決まります。

ブレイクした方向に価格が伸びやすい

　保ち合いのパターンのうち、前述のフラッグの上下に引いたラインを水平にしたものがボックスです。**ボックスはトレンドの継続と反転、どちらの状況でも出現する場合があり、上辺と下辺どちらかにブレイクした方向に価格が伸びやすい**ため、その点に注目しておきましょう。

　例えば上昇局面でボックスになった場合、順張り戦略であれば上辺をブレイクした場合のみ買いエントリーを行い、下辺をブレイクするようであればエントリーを見送るという考え方ができます。

利益確定の目安としても使える

　一方、すでに下から買っていて含み益があるような状況で、**ボックスの上辺をブレイクした場合、ポジションはそのままにしてさらに利益を追うことができますし、下辺をブレイクするようなら利益確定を行うといった使い方も可能です。**

　反対に、下降トレンドの上で空売りしていた場合は、下辺ブレイクで積み増しし、上辺ブレイクで利益確定と考えられます。

　また、よりエントリーの精度を上げたい場合は、ブレイクアウトを狙わず、一度ブレイクしたラインまで戻すのを待って、反発を確認してからエントリーをすることで、より堅実なトレードを行うことができます。

用語解説

ブレイクアウト　　株価が節目となるラインを突破するタイミングを狙ってエントリーする手法のこと。利幅を取りやすい半面、ダマシに引っかかりやすい。

パターン27 トレンド転換を示す「ボックス」

(!)買いサイン ← 下降トレンド後のレンジ相場の高値を上抜け、トレンドが反転

【日産自動車（7201）　日足】

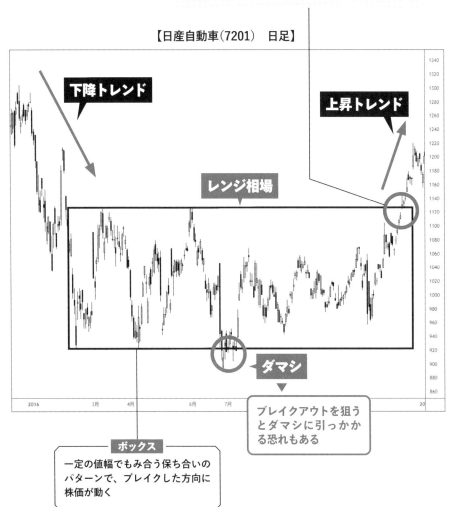

下降トレンド

上昇トレンド

レンジ相場

ダマシ

ブレイクアウトを狙う
とダマシに引っかか
る恐れもある

ボックス
一定の値幅でもみ合う保ち合いの
パターンで、ブレイクした方向に
株価が動く

プロのアドバイス

**すでにポジションをもっている場合、同じ方向にブレイク
で積み増し、反対方向にブレイクで利確が考えられます**

101

ダウ理論①
トレンドの継続

ダウ理論は、今がトレンドなのかレンジなのかを明確に定義する分析方法です。
上昇トレンドは「高値が更新され、安値が更新されない」が条件です。

トレンドは明確な転換シグナルが出るまで継続する

ダウ理論は19世紀後半に、アメリカの証券アナリストであるチャールズ・ダウが考案したテクニカル分析の理論です。

ダウ理論には6つの基本原則があり、ここで紹介するのは、6番目の「トレンドは明確な転換シグナルが発生するまで継続する」という考え方（以下、ダウ理論）をもとにしたトレンド分析の手法です。

上昇トレンドの例で説明していきましょう。**ダウ理論では上昇トレンドが継続する条件を「高値が更新され、安値が更新されない状態」と定義しています。**

これを図にすると右のようになり、この状態が続く限り「上昇トレンドが継続している」と判断するわけです。下降トレンドの場合は、「安値が更新され、高値が更新されない」とトレンド継続となります。

ダウ理論はトレンドを客観的に判断できる

通常、ローソク足やテクニカル指標を使っても、「陽線が続いているから上昇トレンドだろう」「移動平均線が上向きだから上昇トレンド」というように、あくまで主観的な判断でしかありません。しかし、**ダウ理論を活用すると、トレンドの定義と合致しているか否かで明確に判断できるのです。**

用語解説

チャールズ・ダウ　　1851年生まれ。ダウ理論を提唱しただけでなく、経済新聞社「ダウ・ジョーンズ」を設立し、現在でも広く使われるダウ平均株価を算出した。

直近高値を更新し、次の値動きで直近
安値を更新しない ➡  買いサイン

【トヨタ自動車（7203）　日足】

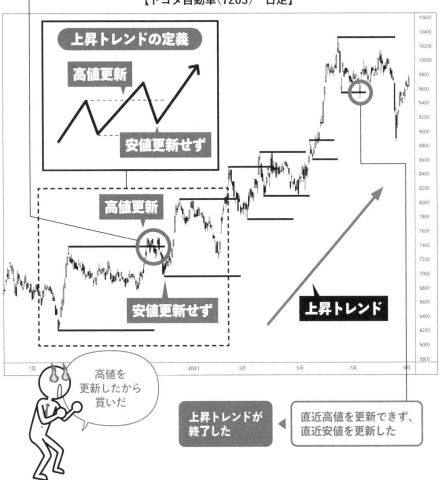

プロのアドバイス

ダウ理論を用いて高値と安値に注目することで、トレンドの継続を客観的に判断できます

ダウ理論②
トレンドの転換

ダウ理論では、トレンド継続の条件が崩れたら、トレンド転換になります。トレンド転換の判断には常に前回の高値・安値に注目することが必要です。

トレンド継続の条件が崩れればトレンド転換

　トレンド継続と同様に、ダウ理論ではトレンド転換の判断もできます。トレンド継続の場合「高値が更新され、安値が更新されないのが上昇トレンド」「安値が更新され、高値が更新されないのが下降トレンド」と定義しますが、シンプルにこの条件が崩れればトレンド転換となります。

　つまり、**上昇トレンドの場合、直近の価格が前回の安値を下回ることがあれば、その時点でトレンド転換、下降トレンドであれば、価格が直近の高値を上回った時点でトレンド転換と判断します。**

高値と安値が移動する

　ここで重要になってくるのは、「トレンドが継続する場合、参照すべき高値と安値も同時に移動する」という点です。例えば上昇トレンドの場合、安値が更新されずに高値を更新した時点でトレンド継続が確定しますが、それ以降にトレンド継続・転換の判断をする際には、直近の高値と安値を参照します。

　つまり、トレンドの転換を判断する際にはトレンドが更新されるたびに、常に前回の高値・安値を追っていきます。逆にいえば、**直近より前の高値や安値はダウ理論の判断材料になりません。**前回の高値や安値がどれかよく確認しておきましょう。

実践！　ローソク足が下降していて、下降トレンドのように見えても、上昇トレンドの継続条件が崩れるまでは上昇トレンドとして扱う。

【！】売りサイン ◀ 上昇トレンドにおいて、以降の値動きで
直近の安値を下抜けると……

【KDDI（9433）　日足】

第**4**章

基本チャートパターン

ダウ理論の判断材料
にはならない ◀ ローソク足が上下し高値と安値ができているが、
トレンドの継続、転換が確定していない

プロのアドバイス

**トレンドの継続・転換の判断には前回の高値・安値が必要
なので、常に確認しておきましょう**

ダウ理論③
サインや環境認識に使う

ダウ理論は、トレンドの有無を確認する考え方をもとに、シンプルなエントリーの基準や環境認識に活用できます。トレンド継続が確定したら「買い」です。

売買のサインとして使う

　ダウ理論は主にトレンドの有無を確認するために用いられますが、この考え方を応用してエントリーなどにも活用することができます。

　売買サインとして使う場合、シンプルにダウ理論におけるトレンド継続が確定したら、その動きに合わせてエントリーします。

　買いの例でいえば、前回安値を更新せず、前回高値を更新すればトレンド継続が確定するので、**あらかじめ前回高値から水平に引いた線をネックラインとして、上抜けでエントリーします。**

　ただし、トレンド継続の条件が整っているとはいえ、前回高値をブレイクアウトして以降、必ず上昇するわけではありません。そのためエントリー後に高値掴みになる可能性も考慮しておく必要があります。

環境認識に使う

　順張り戦略で投資を行う場合、とにかく「トレンドに乗る」ことが重要です。

　そのため、まず週足など比較的長めの時間軸でトレンドが発生しているかを確認します。**継続しているのであればその間は順張りでエントリー、トレンドが崩れたら撤退を繰り返す**だけでも、順張りの勝率を高めることができます。

用語解説

高値掴み	相場の天井など高い水準で株を買ってしまうこと。上昇トレンドに乗ろうとして、トレンド終盤で買いを入れた場合などを指す。

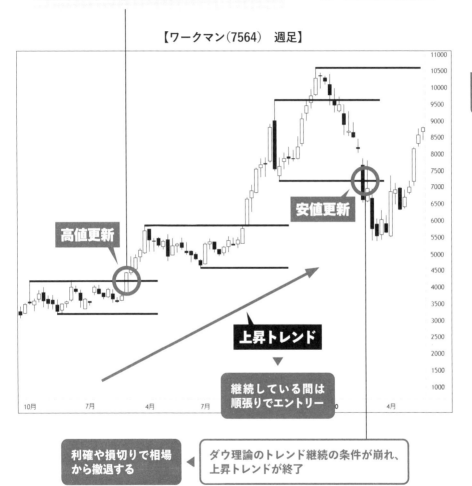

パターン **30** ダウ理論で環境を認識する

前回高値から水平に引いたネックライン
を上抜け、安値は更新しない ➡ **⚠️買いサイン**

【ワークマン（7564）　週足】

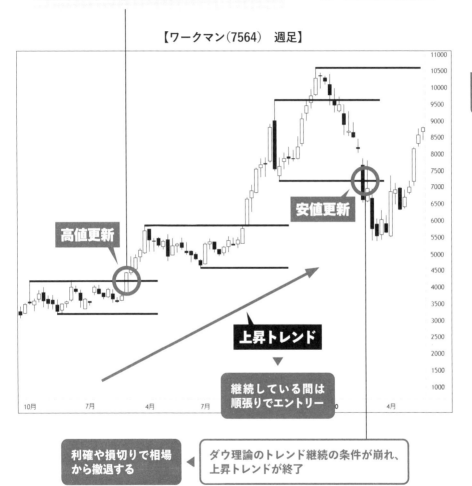

高値更新

安値更新

上昇トレンド
▼
**継続している間は
順張りでエントリー**

**利確や損切りで相場
から撤退する** ◀ **ダウ理論のトレンド継続の条件が崩れ、
上昇トレンドが終了**

プロのアドバイス

**順張りでは、トレンド継続ならエントリー、崩れたら撤退
するなど、トレンドに乗ることが重要です**

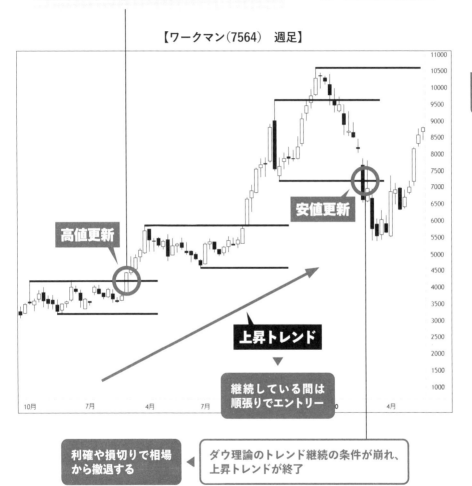
第**4**章

基本チャートパターン

107

トレンドの継続を可視化
トレンドライン

トレンドラインはトレンドの継続、転換を1本のラインで可視化するものです。
上昇トレンドでは安値同士を、下降トレンドでは高値同士を結びます。

価格の切り上げ・切り下げに沿ってラインを引く

　ダウ理論はトレンドの定義をチャートに当てはめて分析する手法ですが、それと併せて活用したいのが、「トレンドライン」です。トレンドが継続している状態とは、上昇局面では「安値が切り上げ続けている」、下降局面では「高値が切り下げ続けている」ということでもあります。

　値動きにもよりますが、状況によっては切り上げ続けている安値同士や、切り下げている高値同士を1本の線で結ぶことができます。このラインをトレンドラインと呼び、**チャート上でトレンドラインが引ける状態は、「トレンドが継続している」と判断します。**

　反対に、上昇相場・下降相場それぞれのトレンドラインが崩れるということは、高値の切り下げ・安値の切り上げが止まった状態と判断できます。そのため、チャート上に1本のラインを引くだけでトレンドの継続・転換を大まかに判断するための根拠とすることができます。

トレンドラインは相場で強く意識される

　また、トレンドラインは相場において非常に意識されやすく、**過去にトレンドライン付近で価格が何度か跳ね返されている場合は、続く値動きでも跳ね返されやすくなります。**反対に、ブレイクした場合はトレンド転換に注目が集まるため、以後の値動きの勢いが強くなることも多いのです。

実践！ 同じチャートでも、期間や角度などによりさまざまな引き方がある。自分の判断の目安になるよう、戦略に合ったラインを引く。

一時的に下落した株価が、トレンドライン付近で反発 ➡ 【!】買いサイン

【ソフトバンクグループ（9984） 日足】

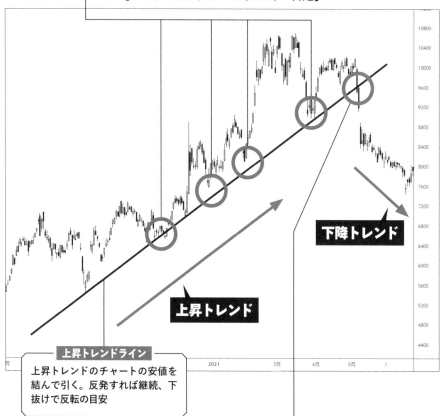

下降トレンド

上昇トレンド

上昇トレンドライン

上昇トレンドのチャートの安値を結んで引く。反発すれば継続、下抜けで反転の目安

【!】売りサイン ← 反発せずにトレンドラインを下抜け、上昇トレンドが終了

プロのアドバイス

トレンドラインで反発したらトレンド継続、ブレイクしたらトレンド転換と判断できます

最もシンプルな基準 水平線

水平線は、高値や安値に水平に線を引いたもので、トレンドなどの基準として使えます。使い方次第でさまざまな活用方法があるラインです。

環境認識やエントリーの基準としても使える

　チャート上に引けるラインのなかで、最もシンプルかつ注目されやすいのが「水平線」です。これは文字通り、水平に引いたまっすぐなラインのことで、どんな取引ツールでも、必ずといってもよいほどこのラインを引く機能が付いています。

　とはいえ、水平線自体はただのラインなので、それ自体に特別な意味があるわけではありません。しかし、**引く場所を工夫することで、環境認識やエントリー基準などさまざまな場面で活用することができます。**

あらかじめ注目されやすい価格に引いておくと有効

　例えば、今後、市場参加者が注目しやすい価格帯を知りたい場合は、過去の高値・安値に水平線を引いておくとよいでしょう。**特に年初来高値（安値）や、上場来高値（安値）などは、どのような銘柄でも常に意識される価格帯です。**

　意識されやすいということは、トレンド発生時などに一旦の目標にされることも多く、利確や損切りの目安とすることもできます。

　また、ダブルトップのネックラインなどがよい例ですが、意識されやすい水平線が突破されると勢いが付きやすくなるので、この傾向を利用してエントリーの基準とすることも可能です。

用語解説

取引ツール　　　チャートを表示させるツールのこと。証券会社をはじめ多くの企業が提供しており、使えるテクニカル指標や機能が各社で異なる。

【!】**売りサイン** ◀── 株価が年初来高値に引いた水平線に近づくものの、反発し下落

【日本航空（9201） 日足】

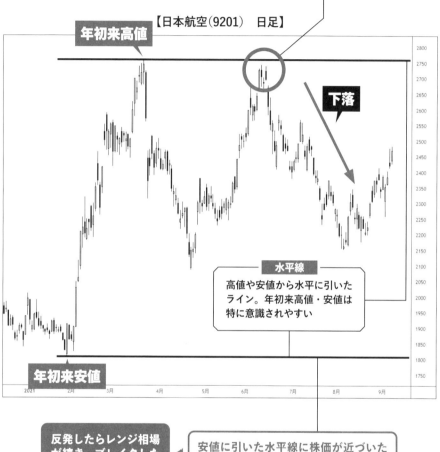

年初来高値

下落

水平線
高値や安値から水平に引いたライン。年初来高値・安値は特に意識されやすい

年初来安値

反発したらレンジ相場が続き、ブレイクしたら下降トレンドへ ◀── 安値に引いた水平線に株価が近づいたら、反発かブレイクか確認

プロのアドバイス

年初来高値・安値はどの銘柄でも意識されやすいため、あらかじめ引いておき、判断の目安にしましょう

反発の目安になる
支持線・抵抗線

支持線は直近の安値から、抵抗線は直近の高値から引いた線です。それぞれ「買われやすい」「売られやすい」価格を事前に知ることができます。

支持線は「買われやすく」、抵抗線は「売られやすい」

　水平線の応用的な考え方として、支持線（サポートライン）、抵抗線（レジスタンスライン）というものがあります。

　支持線は直近で上方向に反転した安値から引いたラインで、抵抗線は反対に直近で下方向に反転した高値から引いたラインです。**支持線は過去に買われた結果反発していることから、今後も買いが入りやすいポイント、抵抗線は反対に売りが出やすいポイントと考えることができます。**

　こうした特性から、事前に支持線や抵抗線をチャートに引いておくことで、利益確定の目標値としたり、トレンドが反転するタイミングを分析するために使うことができます。

ブレイクによって役割が入れ替わる

　また、これらのラインは「ブレイクすると、支持線と抵抗線の役割が入れ替わる」特徴があります。例えば右のチャートでは、2020年8月から抵抗線として機能していたラインを12月末に上向きにブレイクしています。それ以降、9月と11月に2度価格を下げていますが、今度は逆にこのライン付近で買いが入ることによって上向きに反発しています。つまり、**過去に抵抗線として機能していたラインがブレイクされることによって、今度は支持線として機能しているのです。**

身につける！　トレンドの転換点と支持線や抵抗線が重なる場合、将来的に転換が起こる事例はよくあるので、意識しておくとよい。

パターン33 抵抗線が支持線としても機能する

上昇していた株価が前回の
高値付近で反発して下落　➡️　【！】売りサイン

【富士通（6702）　日足】

前回の高値

抵抗線

支持線

抵抗線をブレイクし、支持線
と抵抗線の役割が入れ替わる

前回高値で
反発しそうだから
利確しておこう

【！】買いサイン　⬅️　下落していた株価がそれまでの
抵抗線で反発して上昇

プロのアドバイス

上昇局面でも下降局面でも前回高値や安値に株価が近づい
たら、反発するかブレイクするか注目しましょう

意識される価格を見る
チャネルライン

チャネルラインは高値と安値に沿って引いた2本の平行なラインのことです。
チャネルラインを引くことで事前に意識されやすい価格を把握できます。

トレンドライン＋平行なラインが「チャネルライン」

　チャートに複数のラインを表示して、トレンドの値幅や意識されやすい
ポイントを可視化するのが「チャネルライン」です。

　ラインの引き方は、トレンドラインと平行な線をもう1本引くだけです。
この平行な2本のラインのことをチャネルラインと呼びます。

　右のチャートは、高値AとBを基準にチャネルラインを表示した例です。
不思議なことに、安値Bもピッタリとこのラインで反発しています。

　これは、チャネルラインが相場で強く意識されるチャートの要素だから
です。つまり、安値Bの反発は、高値A、Bが確定した時点で安値Aにチャ
ネルラインを引いた**市場参加者が「次に下がったときには、安値Aから延
長したライン付近で反発しそうだ」と考えて実際に多くの人が買った**から
こそ、このような動きになっているわけです。

チャートはチャネルラインを前提に動くことも多い

　投資に正解はなく、市場参加者は常に自分の売買の根拠を求めてチャー
トやファンダメンタルズから情報を得ようとしています。先程のような反
発はチャートに何も表示していなければ、ランダムに動いているように見
えますが、**事前に「チャネルラインが意識されやすい」点に注目しておけ
ば、ラインを売買の根拠とすることもできる**のです。

☑Check!　**高値と安値を切り上げているチャネルラインを「チャネルアップ」、切り
下げているチャネルラインを「チャネルダウン」という。**

パターン34 「チャネルライン」で株価が反発

安値Aからトレンドラインと平行に引いた線で株価が反発　➡  買いサイン

【ファナック（6954）　日足】

高値A
高値B
安値A
安値B
下降トレンド

高値がこのくらい
切り下げたから、
前回安値から
同じようなラインまで
下落したら買いだ

チャネルライン
トレンドラインと平行に引いたラインの組み合わせ。下降トレンドでは高値の推移をもとに安値の推移を把握できる

プロのアドバイス

チャネルラインは意識されやすいため、チャートに引いておくと、反発しやすい価格をあらかじめ把握できます

意識されやすい
キリのよい数字

「キリ番」は人間が無意識に参照しやすい数字です。相場では、キリ番で株価が
反発したり、勢いが付いたりすることが多くあります。

「1000円」「1万円」など価格は常に注目する

　水平線は注目されやすい高値や安値など、任意のポイントを選択してラインを引く必要がありますが、唯一、明確に意識されやすい価格として事前にわかるのが「キリのよい数字（キリ番）」です。

　例えばある株を500円台から買っていて、980円まで上昇したとします。そうすると「キリもよいし1000円になったら利確しよう」と考える人も多いのではないでしょうか。

　このように、**「1000円」「5000円」「1万円」といったキリの価格は無意識に基準とされる傾向があります**。海外でもこうした価格帯は「ラウンドナンバー」と呼ばれて意識されています。

キリ番は支持線・抵抗線のような役割をする

　そういうわけで、明確な根拠があるわけではないですが、**相場においてキリのよい価格帯では、急に値動きが反発して勢いが弱まったり、抜けるとむしろ勢いが加速する**といった現象が起きやすく、支持線・抵抗線のような役割をすることがあります。

　そのため、例えば現在価格が2800円であれば、3000円や2500円など前後のキリのよい価格帯を意識しておくと、利確や損切りのポイントを決める際に有効です。

☑**Check!**　日経平均においても、3万円を超えた、あるいは割ったことがニュースになるように、2万円や3万円といったキリ番が意識されている。

パターン35 「キリ番」で株価が反発

上昇していた株価が5万円で跳ね返され下落に転じる　➡　**⚠️ 売りサイン**

【任天堂（7974）　日足】

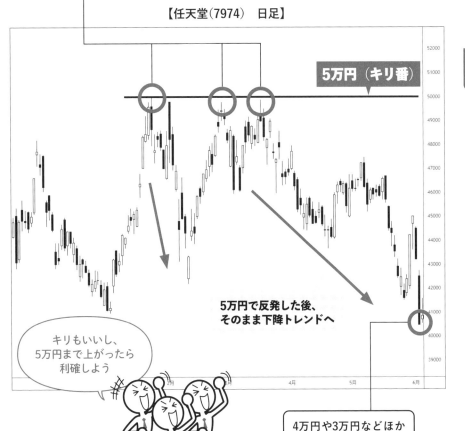

5万円（キリ番）

5万円で反発した後、そのまま下降トレンドへ

キリもいいし、5万円まで上がったら利確しよう

4万円や3万円などほかのキリ番も反発やトレンド加速の目安に

プロのアドバイス

キリ番はあらかじめ位置がわかっているので、近づいてきたら反発するかどうか注目しておきましょう

相場が変化する
ブレイクアウト

ブレイクアウトは相場で広く知られている典型的なエントリーの基準です。ダマシの場合もあるので、ブレイクアウトの次のローソク足を見ましょう。

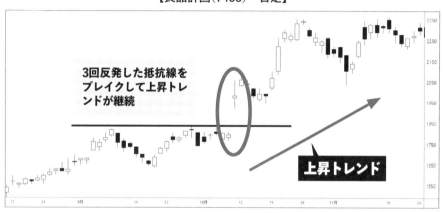

【良品計画（7453）　日足】

3回反発した抵抗線をブレイクして上昇トレンドが継続

上昇トレンド

ブレイクアウト後は値動きが加速しやすい

　相場において重要なラインをブレイクアウトすると、その後の動きに勢いが付きやすいため、**トレンド初動の値動きを狙うような投資ではよく意識されます。**しかし、ブレイクアウトは広く知られている手法ゆえに、逆張りでも狙いやすく、これがダマシになることも多いのです。

　その点で、ブレイクアウトに至るまでに、価格が複数回反発しているケースのほうが、トレンド継続につながる可能性が高いのです。そのため、溜めが短いブレイクアウトは避けたほうがより精度が高まるでしょう。

☑Check!　ブレイクアウトしたローソク足ではエントリーせず、次の足で反転するのを狙ってエントリーする戦略を「ダマシからの反転」という。

パターン36　溜めの短い「ブレイクアウト」によるダマシ

以前の安値のラインをブレイクアウト
するも次のローソク足から上昇　➡　**⚠買いサイン**

【神戸物産（3038）　日足】

上昇トレンド

下降トレンド

ダマシ

安値を
下抜けたら
売りだ

ダマシを回避するため、
次のローソク足を見る

安値で
反発するから
買いだ

プロのアドバイス

**ブレイクアウトしたローソク足ではエントリーせず、次の
足まで待って反転か継続か判断しましょう**

上昇トレンドの調整 押し目

毎回トレンドを初動から取り切るのは難しいので、順張り戦略ではトレンドの途中でもエントリーしやすい押し目の見極めが重要になります。

毎回トレンドを完璧に追うのは難しい

　順張り戦略の場合は、トレンドに沿って売買を行っていくため、ダウ理論などの手法を活用してトレンドの有無を分析していく必要があります。しかし、いくら高度な分析技術があったとしても、トレンドの初動から終盤まで毎回キッチリと取り切れる人はいません。

　そのため、トレンド途中からでもエントリーしやすいポイント見極める必要があるのですが、その目安として「押し目」という考え方があります。上昇トレンドの例でいえば、**押し目はトレンドが一度調整し、その後再び上昇を始めるポイントのことです。**うまく押し目を見極めることができれば、新規で買ってもトレンドに乗り、利益につなげることができます。

チャートパターンを活用して見極めの精度を上げる

　押し目の見極めには、**本章で解説した「三法」「支持線・抵抗線」、第5章で解説する「移動平均線」などが有効です。**特に酒田五法の三法はトレンドが調整後、再度トレンド方向に戻る動きを戦略として組み込んだもので、そのまま押し目を狙う戦略に活用できます。

　また、トレンドが調整するタイミングでは過去の抵抗線が目安とされることも多く、抵抗線をブレイクしてからトレンドが発生した場合は、支持線に替わるポイントに注目しておくとよいでしょう。

☑Check!　第5章で解説する「移動平均線」や、第6章の「フィボナッチ」なども押し目を判断する有効な手段となる。

買いサイン ← **上昇トレンドにおいて、以前抵抗線となっていたラインまで下げて反発する**

【ファーストリテイリング（9983） 日足】

押し目

トレンドが一度調整し、その後再び上昇を始めるポイント。乗り遅れた場合のエントリーポイントになる

上昇トレンドに乗り遅れたから、支持線まで下げたら買いだ

 プロのアドバイス

過去の抵抗線が押し目の目安になることも多いので、抵抗線をブレイクしたら、そのラインに注目しましょう

練習

問題❶――チャートパターン

Q 下降トレンドへの転換を示すパターンは何？

【Chatwork（4448） 日足】

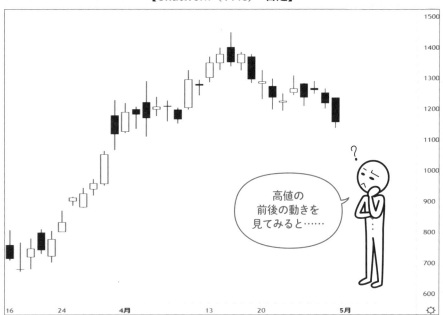

高値の
前後の動きを
見てみると……

直近の値動きに注目する

まずはチャートパターンに関しての問題です。

上の画像はChatwork（4448）の日足チャートで、前半から上昇トレンドが発生していて、1400円の高値を付けた後に一度戻しています。

ここから今後の値動きを予測する際、直近までの値動きを、あるチャートパターンに当てはめると、トレンドの転換が想定されますが、それはどんなものでしょうか。

転換の根拠となるポイントと併せて考えてみてください。

練習

問題❷——チャートパターン

上昇トレンドへの転換を示すポイントはどこ？

【MonotaRO（3064）　日足】

チャートに
線を引くなら
どこかな？

ダウ理論でトレンド転換のポイントを探す

　次はダウ理論を使った分析の問題です。

　上の図はMonotaRO（3064）の日足チャートです。2020年3月まで下降トレンドが続き、それ以降は上昇トレンドに反転しています。

　特別な指針がなくとも、視覚的に「下降トレンドから上昇トレンドへ転換している」のは理解できますが、ダウ理論を使うとより具体的に「どこが転換ポイントになったのか」を明確にすることができます。ダウ理論を使って、どこがトレンド転換のポイントなのかを考えてみましょう。

123

解答❶──チャートパターン

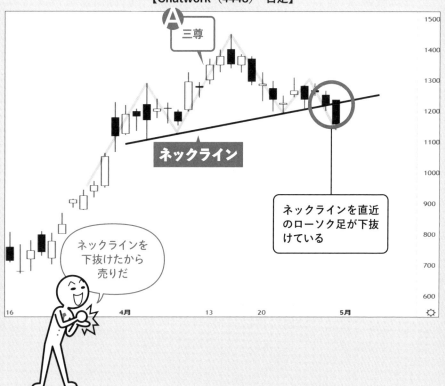

【Chatwork（4448）　日足】

三尊

ネックライン

ネックラインを直近
のローソク足が下抜
けている

ネックラインを
下抜けたから
売りだ

三尊のネックライン下抜けは「上昇トレンドの転換」

　問題①の正解は「三尊」でした（72ページ参照）。

　上の図は、先程のチャートに線を加えたものですが、３月からの上昇に
対して４月以降の値動きは３つの山を形成しています。なかでも２つ目の
山が一番高いパターンです。

　加えて、ひとつ目の山の安値と、２つ目の山の安値を結んだ線（ネック
ライン）を、直近のローソク足で下抜けているため、チャートパターンか
ら考えて「トレンド転換」と考えることができます。

練習

解答❷——チャートパターン

【MonotaRO（3064）日足】

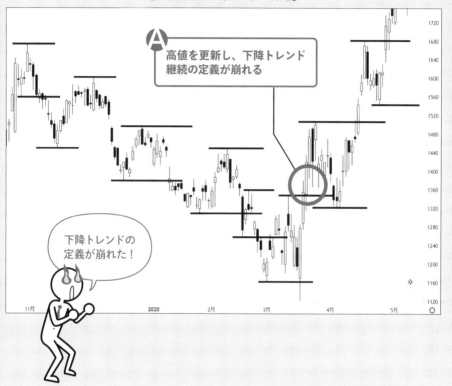

Ⓐ 高値を更新し、下降トレンド
継続の定義が崩れる

下降トレンドの
定義が崩れた！

安値と高値に線を引くと、転換ポイントが明確になる

　問題②の正解は、３月中旬の○で囲んだポイントでした。

　転換ポイントを知るためには、まずダウ理論における下降トレンド継続
の定義を振り返ってみましょう（102ページ参照）。

「安値が更新され、高値が更新されない」

　これが崩れれば下降トレンド転換と判断します。その視点でいえば、３
月中旬に安値を更新しましたが長い下ヒゲを付けて陽線となり、そのまま
直近高値を更新しています。

応用

複数の視点を想定しておく

　チャートパターンは視覚的にわかりやすく、かつ売買ポイントも明確になるので非常に便利な分析手法ですが、「パターンが示す目線に固定されすぎない」という点には注意しておく必要があります。

　例えば下の画像は問題①で扱ったチャートに線を書き足したものですが、序盤から追っていき、4月中旬に形成された三尊だけ見ると「下降トレンドへ転換する場面」に見えます。

　一方、三尊の2つ目の山から5月初旬の値動きは上昇トレンドでの下降ウェッジとなっており、上昇のサインとして考えることができます。

【Chatwork（4448）　日足】

下目線と上目線がせめぎ合い、トレンドが継続

　つまり、4月末〜5月はじめの値動きは、下目線（三尊ネックライン下抜け）と上目線（下降ウェッジのブレイク）がせめぎ合った結果、トレンドが継続したということです。「特定のパターンは異なる角度からは違う形状に見えている」ということを念頭に置き、ひとつの目線に固執しすぎないこともテクニカル分析においては重要です。

第5章

ローソク足＋移動平均線

ローソク足＋移動平均線で値動きを分析する

「移動平均線」は最もよく使われるテクニカル指標です。移動平均線からどんなことが読み取れるのか、また、移動平均線を用いるとどのように売買ポイントを判断できるのかを解説します。

Keywords

● 移動平均線

● グランビル

● 2本表示

● 3本表示

● かい離率

株価の平均を示す移動平均線

一定期間の平均値を示したものが「移動平均線」です。チャートに表示すると注目されやすいポイントを把握でき、より正確な分析が可能になります。

「株価の平均値」を移動させた折れ線グラフ

移動平均線は数あるテクニカル指標のなかでも最もシンプルかつ、重要な指標です。

移動平均線は読んで字のごとく「株価（終値）の平均値を移動させて線にしたグラフ」のことで、英語では「Moving Average（MA）」と表記されます。

例えば5日間のなかで800円、900円、1000円、1100円、1200円と動いていれば、この期間内での平均値は1000円です。

さらに翌日が1300円となれば、2日目から6日目の平均値は1100円、その翌日が1400円であれば3日目から7日目までの平均値は1200円となります。この**平均値の推移を、折れ線グラフとしてつないだものが移動平均線です。**

ローソク足との位置関係で買売の勢いがわかる

つまり、移動平均線を見ることで、**「一定の期間内に平均値がどのように動いてきたのか」**がわかるのです。

これが理解できると、例えば移動平均線が上向きであれば「一定の期間内に売った人よりも買った人のほうが多い＝買いが優勢」というような形で分析を行うことができます。

身につける！　移動平均線は、多くの市場参加者が参照しているテクニカル指標で非常に意識されやすいため、しくみを把握しておく必要がある。

25日移動平均線

その銘柄の25日間の株価の平均を示している

▶ 一定期間で平均値がどのように動いてきたかがわかる

【日産自動車（7201） 日足】

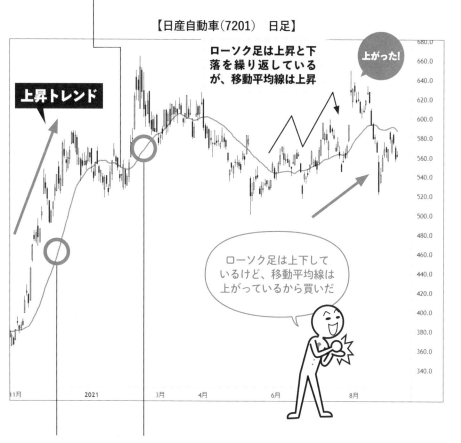

ローソク足は上昇と下落を繰り返しているが、移動平均線は上昇

上がった！

上昇トレンド

ローソク足は上下しているけど、移動平均線は上がっているから買いだ

第**5**章

ローソク足＋移動平均線

移動平均線が上向き
＝買った人のほうが多い ➡ **⚠買いサイン**

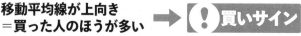

プロのアドバイス

移動平均線の位置で売買の勢いの動きを把握し、今後の値動きの傾向を分析しましょう

移動平均線で トレンドとレンジの判断

移動平均線の向きは売買の勢いを表すため、トレンドの有無がわかります。ほかの分析方法と組み合わせることで、より正確なトレンド判断が可能です。

移動平均線の向きに角度が付く＝トレンド発生

　移動平均線を使った分析方法として、まず最初に抑えておくべきなのは「トレンドとレンジの判断」です。

　先述の通り、移動平均線を見ることで一定期間の平均値の推移を確認できます。つまり、一定期間のなかで買いが優勢になった場合、移動平均線は上向き、反対に売った人が優勢であれば下向きになります。また、買いと売りが拮抗していれば、移動平均線は横ばいになります。

　こうした特性があるため、単純に移動平均線の「向き」を確認することで、線が上向きの場合は「上昇トレンド」、横ばいの場合は「レンジ」というように、**大まかにトレンドの有無を分析することができるのです。**

ほかの分析手法と組み合わせるとより正確になる

　特に順張り戦略の場合、トレンドの確認は非常に重要です。**例えば「25日線が上向きのときにしか買わない」という単純なルール設定をするだけでも、闇雲に売買するよりも格段に勝率を上げられます。**

　また、移動平均線は、ダウ理論やトレンドラインを使った分析とも相性がよいです。例えば買いのエントリー条件として「ダウ理論におけるトレンド継続」と「25日線が上向き」、この**2つの条件が重なる場面に限定すると、より確度の高い順張りを行うことができます。**

> **実践！** 株価が大きく動くと平均値の差も大きくなるため、移動平均線の角度が大きいとトレンドの勢いが強いと判断できる。

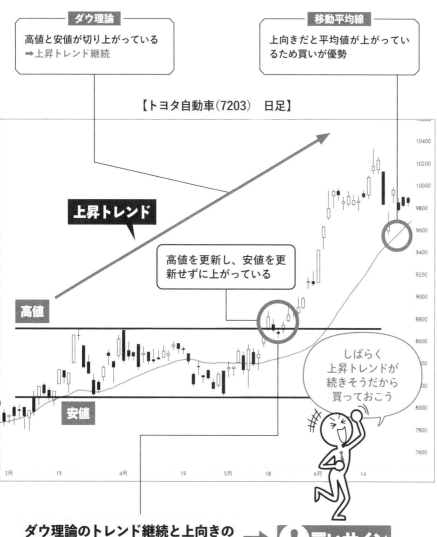

ダウ理論
高値と安値が切り上がっている
➡上昇トレンド継続

移動平均線
上向きだと平均値が上がっているため買いが優勢

【トヨタ自動車(7203) 日足】

上昇トレンド

高値を更新し、安値を更新せずに上がっている

高値

安値

しばらく
上昇トレンドが
続きそうだから
買っておこう

第**5**章

ローソク足＋移動平均線

**ダウ理論のトレンド継続と上向きの
25日移動平均線が揃っている** ➡ 【**!**】**買いサイン**

プロのアドバイス

移動平均線に加えて、複数の手法で売買の基準を決めておくことで、トレンドの有無や勢いを正確に判断できます

移動平均線は
支持線・抵抗線になる

移動平均線は「意識されやすい」指標です。多くの人がこれを参考にして売買を行うため、移動平均線は支持線・抵抗線としても機能します。

移動平均線を軸に株価が反発・加速することがある

　移動平均線は「支持線・抵抗線」として機能する場合があるので、その特性を使った分析方法も有効です。相場では価格が移動平均線を軸にして反発し上昇や下降の勢いが強まるケースがよくあります。これは、第4章で解説した支持線・抵抗線と同じで、移動平均線が市場参加者に意識されやすいからこそ起こる現象です。

　例えば右図のように、ローソク足の上側で移動平均線が推移している状況で、価格が上昇していくと、市場参加者は「移動平均線を目安に上昇が止まりそうだ」と考えます。そうすると、移動平均線付近で売りが出やすくなり、抵抗線として機能するのです。

ブレイクアウトはトレンド転換が意識されやすい

　また、支持線や抵抗線として機能するということは、移動平均線をブレイクアウトした場合、その方向に勢いが付きやすいといい換えることもできます。特に、先程のようなトレンドが継続している状況で、**価格が移動平均線を抜けた場合、トレンドの転換が強く意識されます。**

　こうした特性を利用して、移動平均線が支持線・抵抗線として機能している場合はその方向に順張り、ブレイクアウトするようなら一度利益確定、というような戦略に活用することができます。

実践！　銘柄によって支持線・抵抗線として機能するパラメーター（134ページ参照）が異なるため、それぞれに適したパラメーターを設定する。

【!】**売りサイン** ← 下降トレンド中に移動平均線に触れた

【日本電産（6594） 日足】

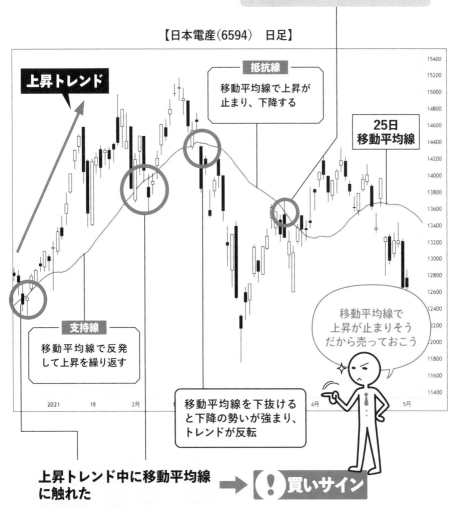

上昇トレンド

抵抗線
移動平均線で上昇が止まり、下降する

25日移動平均線

支持線
移動平均線で反発して上昇を繰り返す

移動平均線で上昇が止まりそうだから売っておこう

移動平均線を下抜けると下降の勢いが強まり、トレンドが反転

2021　18　2月　　　　　　　　　4月　　　　5月

15400
15200
15000
14800
14600
14400
14200
14000
13800
13600
13400
13200
13000
12800
12600
12400
12200
12000
11800
11600
11400

上昇トレンド中に移動平均線に触れた → 【!】**買いサイン**

プロのアドバイス

移動平均線を支持線・抵抗線として市場参加者の動向を探り、売買のタイミングやトレンドを見極めましょう

移動平均線の種類とパラメーター

移動平均線にはさまざまな種類があり、計算方法やパラメーターによって動き方が変わります。それぞれの特性を押さえ、用途によって使い分けましょう。

基本は単純移動平均線で問題ない

　移動平均線を使ってテクニカル分析を行う場合、基本的な分析方法のほかにも押さえておきたいポイントが2つあります。

　ひとつ目は移動平均線の種類についてです。先程までの説明で例示してきた移動平均線は、**単純に一定期間の平均値をつなげた線なので「単純移動平均線（SMA）」と呼ばれています。**

　また、直近の値動きをより反映するように、平均値の計算式をアレンジした「指数平滑移動平均線（EMA）」や「加重移動平均線（WMA）」など、ほかにもさまざまな種類があるのですが、特に理由がなければ単純移動平均線で問題ありません。

パラメーターが大きくなるほど動きは緩やかになる

　2つ目はパラメーターについてです。**移動平均線におけるパラメーターとは「平均値を取る期間」のことを指し、**例えば単純移動平均線で5期間分の平均を取った場合は「5SMA」となりますし、100期間分の平均を取ると「100SMA」となります。入力する値が大きいほど移動平均線の動きが緩やかになり、反対に値が小さくなればなるほど、急な動きになります。

　基本的に、日足の場合は1カ月分の平均値を示す25日移動平均線を表示することが多いです。

☑Check!　　EMA（指数平滑移動平均線）、WMA（加重移動平均線）は、直近に近い価格の比重を大きくして計算した平均値。直近の変動に対応しやすい。

移動平均線の種類ごとの違い

【楽天(4755) 日足】

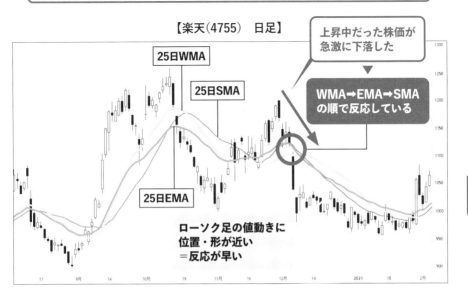

25日WMA

25日SMA

上昇中だった株価が
急激に下落した

WMA➡EMA➡SMA
の順で反応している

25日EMA

ローソク足の値動きに
位置・形が近い
＝反応が早い

移動平均線のパラメーターごとの違い

【ユーグレナ(2931) 日足】

5日移動平均線は
チャートとほぼ同
じ動きをしている

パラメーターの値が
小さいほど値動きに
敏感に反応する

25日SMA

5日SMA

100日SMA

グランビルの法則の8つの売買パターン

ダウ理論は移動平均線と株価の位置関係に注目した分析理論です。グランビルの法則はその位置関係によって売買のパターンを8つに分類します。

株価と移動平均線の収れん、かい離をパターン化

　移動平均線の基本的な要素を把握したうえで、具体的なエントリーポイントを探す際に役立つのが「グランビルの法則」です。

　グランビルの法則とは、アメリカの株式新聞記者であるジョセフ・E・グランビルが考案した売買ポイントを探す理論のことです。

　まず前提として、**価格は常に上下に変動しており、移動平均線を軸にすると、直近で大きな動きがあった場合は移動平均線から価格が離れていき（かい離）、しばらくすると線の近くまで戻り（収れん）、再度大きな動きがあれば離れるといった動きを繰り返しています。**ジョセフ・E・グランビルが、この移動平均線と価格の位置関係に注目し、売買に有利な傾向があるポイントをまとめたのが、グランビルの法則なのです。

買いと売り、合計8つの法則がある

　グランビルの法則は、「買いの4法則」「売りの4法則」の合計8つの法則で成り立っており、それをまとめたものが右の図です。

　なお、実際の相場では、毎回綺麗に図のような一連の売買パターンが順番通りに出現するわけではありません。そのため、それぞれのパターンの特徴をしっかりと把握して、状況ごとにしっかりと使い分けられることが重要です。

用語解説

グランビル　　　　　1923年生まれ、アメリカの有名金融アナリスト。テレビ番組にも頻繁に出演し、そのコメントがダウ平均にも大きな影響を与えていたとされる。

グランビルの法則には、「買いパターン」
と「売りパターン」が4つずつある

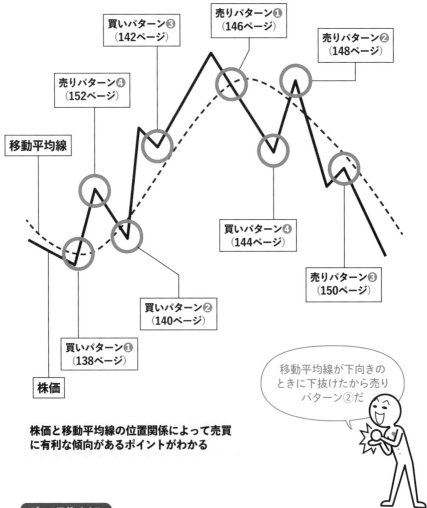

買いパターン❸
(142ページ)

売りパターン❶
(146ページ)

売りパターン❷
(148ページ)

売りパターン❹
(152ページ)

移動平均線

第**5**章
ローソク足＋移動平均線

買いパターン❹
(144ページ)

売りパターン❸
(150ページ)

買いパターン❷
(140ページ)

買いパターン❶
(138ページ)

株価

移動平均線が下向きの
ときに下抜けたから売り
パターン②だ

株価と移動平均線の位置関係によって売買
に有利な傾向があるポイントがわかる

プロのアドバイス

売買パターンが毎回綺麗に順番通りに出現するわけではな
いので、それぞれの特徴をしっかりと把握しましょう

137

グランビルの法則の
買いパターン①

ひとつめは上昇トレンドの初動をつかまえるための買いパターンです。株価が
移動平均線の下から上抜けると、上昇トレンドに転換しやすくなります。

下降トレンドの底から上昇に転じるタイミングで買う

　買いのパターン①は「横ばい、もしくは上を向きつつある移動平均線を、
株価が上抜けたら買い」です。

　状況としては、**下降トレンドが続いた後、安値圏から株価が上昇し、ト
レンドが転換してくる最初の段階で買うイメージです。**

　このときのポイントは移動平均線と株価の距離です。下降の勢いが強い
状況では、株価は移動平均線と離れた位置で動きます。しかし、トレンド
の勢いが弱まり株価が横ばいになってくると、移動平均線の傾きも傾斜が
なくなり、移動平均線と株価の距離も徐々に近づいてきます。

　こうした状況では、市場参加者も徐々に上昇トレンドへの転換を意識し
てくるため、移動平均線を株価が上抜けたタイミングで買いが入りやすく
なるのです。これを狙うのが買いパターン①というわけです。

チャートパターン出現と組み合わせると精度が上がる

　特にダブルボトムや逆三尊など、**明確なトレンド転換のチャートパター
ンが出現した後などは、買いサイン①が発生しやすくなります。**

　そのため、トレンドの初期から利益を伸ばしたい場合は、底からの転換
サインと移動平均線を組み合わせてエントリーポイントを明確にすると、
より精度を上げることができます。

実践！　移動平均線の向きが「横ばいか上を向きつつある」状態で株価が上抜け
るのが買いパターン①。強く下向きの場合は当てはまらない。

下降トレンドの底から株価が
移動平均線を上抜けた ➡ **【!】買いサイン**

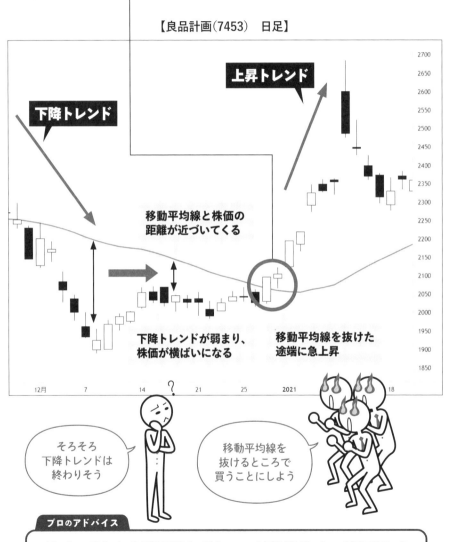

【良品計画（7453） 日足】

上昇トレンド

下降トレンド

移動平均線と株価の
距離が近づいてくる

下降トレンドが弱まり、
株価が横ばいになる

移動平均線を抜けた
途端に急上昇

そろそろ
下降トレンドは
終わりそう

移動平均線を
抜けるところで
買うことにしよう

プロのアドバイス

ダブルボトムや逆三尊などトレンド転換サインが出現した後は、特に買いパターン①が出やすくなります

第**5**章 ローソク足＋移動平均線

グランビルの法則の 買いパターン②

押し目から上昇トレンドが再開するポイントが買いパターン②です。短期目線の投資家が利確したところを狙って買いを入れます。

上昇トレンドの初動が落ち着くタイミングが狙い目

　買いパターン②は「移動平均線が上向きで、株価が一度移動平均線を下抜けたところで買い」です。のちほど解説する買いパターン③と共にトレンドの押し目を狙って買いたい場合に有効なエントリーポイントです。

　買いパターン②が発生しやすいのは、下落局面からトレンドの転換が起こり、上昇の初動が一段落したタイミングです。 市場参加者の心理として、上昇トレンドの初動に合わせて買えた人のうち、特に短期目線の投資家は早めに利益確定を考えるので、その売りが上昇の勢いを弱める動きにつながります。

　その後、利益確定の売りが弱まったことを確認して、新規の買いが入り、上昇の勢いが加速します。そのタイミングを見極めるための目安として、買いパターン②が参照されやすくなります。

ローソク足の形状などを参考にして反転を確認する

　原則的には、価格が移動平均線を下抜けた時点で買いと考えますが、**特に移動平均線を下抜けた前後で長い下ヒゲのあるローソク足を伴うと、反発する可能性がより高まります**。さらに、下抜けた足ではなく、それ以降の足で反発するのを待ってエントリーするとより精度を上げることができます。

実践！　買いパターン②は「移動平均線が上向き」の状況で発生する。下向きのときに株価が下抜けても買いパターン②には当てはまらないので注意。

上昇トレンドの最中、押し目を
付け移動平均線を下抜けた ➡️ **(!) 買いサイン**

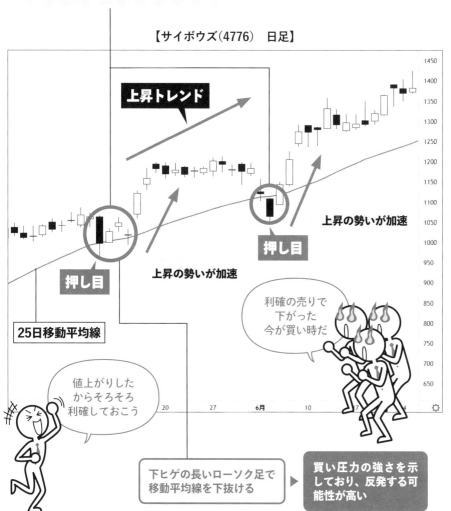

【サイボウズ(4776) 日足】

上昇トレンド

上昇の勢いが加速

押し目

上昇の勢いが加速

押し目

25日移動平均線

利確の売りで
下がった
今が買い時だ

値上がりした
からそろそろ
利確しておこう

下ヒゲの長いローソク足で
移動平均線を下抜ける ▶ **買い圧力の強さを示しており、反発する可能性が高い**

プロのアドバイス

**下抜けですぐに買うより、下抜けた足の後で反発するのを
待ってから買うほうが精度が高くなります**

グランビルの法則の
買いパターン③

押し目からトレンド終盤にかけての伸びを狙うのが買いパターン③です。トレンド継続を見極めるもので、特に買い増しを行う場合に用います。

「買い増し」のポイントとして活用する

買いパターン③は「移動平均線が上向きで、株価が移動平均線を下抜けずに反発したら買い」です。こちらも押し目狙いのエントリーとなり、買いパターン②との違いは「移動平均線を下抜けているか否か」で区別され、**一時的な売り圧力が弱いことから、上昇トレンドの中盤〜終盤にかけての大きな上昇につながることが多いです。**

グランビルの法則の買いパターン①〜③は、順張り戦略の具体的なエントリーポイントを示したもので、段階的に買いパターン①で乗り遅れた人は②で新規の買いを行い、トレンド終盤の最後の伸びを狙って、買いパターン③で買い増しを行うのが理想的です。

チャートパターンで押し目をつくるとより精度が高い

買いパターン③もエントリー精度を上げるためのコツは買いパターン②と同じで、**「反発したローソク足が確認できたら買う」**を心がけましょう。

明確な反発のサインなしに、ローソク足が移動平均線に近づいているタイミングで買ってしまうと、そのまま下抜けてトレンドが終了する場合もよくあります。であれば、「下ヒゲを伴って次の足が陽線で終わった」「上昇フラッグを形成して上辺をブレイクアウトした」といった基準を組み合わせることで、根拠としてはより強いものになります。

実践！ 移動平均線が上向きで株価の押し目が移動平均線を下抜けない場合であり、移動平均線が下向きの場合は当てはまらない。

上昇トレンド中、一旦下落するが
移動平均線を下抜けずに反発した　➡　**(!)買いサイン**

【ニトリHD（9843）　日足】

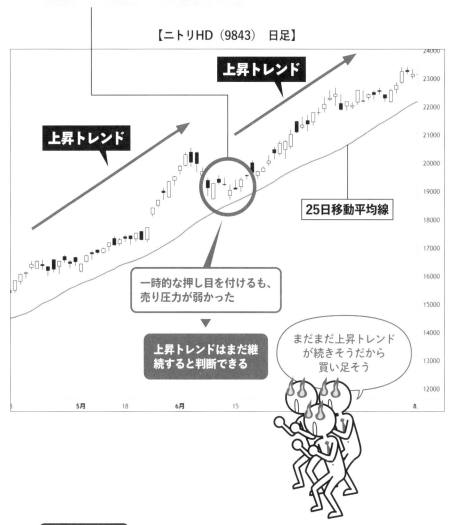

上昇トレンド

上昇トレンド

25日移動平均線

一時的な押し目を付けるも、
売り圧力が弱かった

上昇トレンドはまだ継
続すると判断できる

まだまだ上昇トレンド
が続きそうだから
買い足そう

第**5**章　ローソク足＋移動平均線

プロのアドバイス

**反発せずそのままトレンドが終わる場合もあるので、明確
に反発したローソク足が出るのを待って買いましょう**

グランビルの法則の
買いパターン④

売られすぎている状況で買うのが買いパターン④です。これまでの買いパターンとは違い、唯一の「逆張り」戦略となります。

移動平均線までの戻しを狙う買いサイン

買いパターン④は「移動平均線が下向きで、株価が移動平均線より下に大きくかい離したら買い」です。

こちらは、**「逆張り」の戦略**となるので、①〜③とは根本的な発想が異なります。

買いパターン④は**下降トレンド時の売られすぎたタイミングを狙って買いで入るポイントを示したものです**。また、買いサイン①〜③の順張り戦略では、基本的に上昇トレンドの終了を確認してから利益確定を行うため、保有期間は比較的長めで考えておく必要があります。一方、買いパターン④の場合、売られすぎた株価が移動平均線に戻すまでの動きを狙うため、保有期間も比較的短くなるのも特徴です。

相場の多数派に反発する戦略は難易度が上がる

ただし、買いパターン④でエントリーする場合は**損切りポイントは①〜③よりも厳密に設定しておく必要があります**。相場というのは、「売られすぎればさらに売られ、買われすぎたらさらに買われる」事例がよくあります。逆張り戦略は相場の多数派と逆の行動を取るため、キッチリと反発を狙ってエントリーするのは難易度が各段に上がります。そのため、初心者であれば特に買いパターン①〜③を活用した順張りがおすすめです。

実践！   その銘柄が過去にどれくらいで反発したかを確認するなど、逆張りで買うなら反発のタイミングを見極める必要がある。

移動平均線が下向きで、株価が移動平均線から大きく下にかい離した  買いサイン

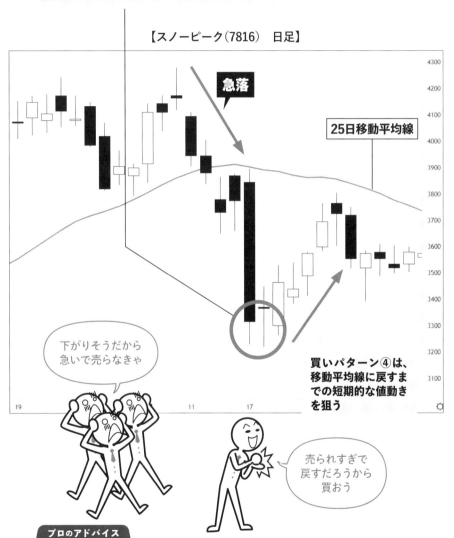

【スノーピーク（7816）　日足】

急落

25日移動平均線

下がりそうだから
急いで売らなきゃ

買いパターン④は、
移動平均線に戻す
までの短期的な値動き
を狙う

売られすぎで
戻すだろうから
買おう

プロのアドバイス

反発のタイミングを見誤ることもあればどこまで戻すかも
わからないので、利確・損切りポイントの設定も必要です

グランビルの法則の
売りパターン①

売りパターン①は、移動平均線を株価が下抜けたら売りサインです。買いの利益確定でも、新規の空売りエントリーでも、どちらでも使えます。

買いの利確の場合は「上昇トレンド終了のサイン」

　売りパターン①は「横ばい、もしくは下を向きつつある移動平均線を、株価が下抜けたら売り」です。**上昇トレンドが続いた後に高値圏から株価が下降し、トレンドが転換してくる最初の段階で売るイメージです。**

　売りパターン①の使い方としては「買いでエントリーしたポジションの利益確定」「空売りの新規エントリー」の２つがあります。

　買いの利益確定で使う場合、売りパターン①は「上昇トレンド終了のサイン」として活用します。株価のトレンドは一度発生するとしばらく継続しますが、必ずどこかで終わりを迎えます。上昇してきたローソク足が移動平均線で反発せず、そのまま下抜けていくような動きをした場合、売り圧力が強まっていると判断できるのです。そのため、売りパターン①が確認できたら、一旦利益確定しておき、再度上昇するなら新規で買いエントリーしていけば、トレンドに沿った買いが実行できます。

新規の空売りで使う方法も

　一方、空売りで新規エントリーする場合は、単純に前述の買いパターン①の逆であるという考え方をすればよいでしょう。**下降トレンドが始まる初期の動きに合わせて空売りする際の、エントリータイミングを見極める基準とすることができます。**

用語解説	
空売り	保有していない株式を証券会社から借りて売ること。のちに株価が下落したところで買い戻し、その差額を利益にする。

上昇トレンドの勢いが弱まったところ で、移動平均線を下抜けた ➡  **売りサイン**

【ファナック（6954） 日足】

上昇トレンド

25日移動平均線

移動平均線で反発 しないくらい売り圧 力が強まっている

上昇トレンドは 終わったみたい だから売ろう

トレンド転換の初期 段階と判断できる

第5章 ローソク足＋移動平均線

プロのアドバイス

高値圏で移動平均線が上向きから横ばい、下向きになって きたら、ローソク足の下抜けに注目しておきましょう

グランビルの法則の
売りパターン②

売りパターン②は下降トレンドの最中に発生する戻り高値を狙うものです。買いの利益確定ではなく、空売りをする際に有効な売りサインとなります。

戻り高値からの反発を狙った売りサイン

売りパターン②は「移動平均線が下向きで、株価が一度移動平均線を上抜けたところで売り」です。売りパターン③と共にトレンドの戻り高値（押し目の逆）を狙って売りたい場合に有効なエントリーポイントです。

市場参加者の心理として、**下降の初動に合わせて空売りした人のうち、特に短期目線の投資家は早めに利益確定（買い戻し）を考えます**。また、下降トレンドが反転したと考えて新規で買いエントリーの圧力も加わり、その買いが一時的に移動平均線を上抜ける動きにつながります。

移動平均線からそのまま上昇していくこともある

一方、**下降トレンドが継続する場合、利益確定の買い戻しが弱まったことを確認して新規の空売りが入り、下降の勢いが再度加速します**。そのタイミングを見極めるための目安として、反転したタイミング（＝売りパターン②）が参照されやすくなります。

その際、より反転するポイントを見極めやすくするためにも、新規の空売りエントリーには条件を付け加えたほうがよいでしょう。例えば「長めの上ヒゲが出た次の足が陰線ならエントリー」「移動平均線に向かって引ける支持線を抜けたらエントリー」といった形です。移動平均線の上抜けからそのまま上昇していくケースもあるので、対策しておきましょう。

実践！ 「移動平均線が下向き」の状況での上抜けであるため、移動平均線が上向きや横ばいのときには売りパターン②に当てはまらない。

パターン46 グランビルの法則の売りパターン②

移動平均線が下向きの状態で、株価が
一度移動平均線を上抜けた ➡ 【!】**売りサイン**

【GMOグローバルサインHD（3788）　日足】

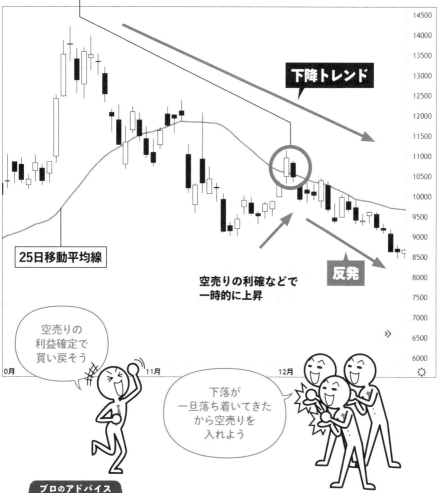

下降トレンド

25日移動平均線

空売りの利確などで
一時的に上昇

反発

空売りの
利益確定で
買い戻そう

下落が
一旦落ち着いてきた
から空売りを
入れよう

プロのアドバイス

**上昇トレンドに転換してしまうこともあるため、上抜けた
次のローソク足が反発するかで判断しましょう**

グランビルの法則の
売りパターン③

売りパターン③は下降トレンドの中盤～終盤にかけて売りが加速するポイントを狙ったもので、こちらも空売りする際のエントリーポイントとなります。

反転を確認するためローソク足のパターンを活用

　売りパターン③は「移動平均線が下向きで、株価が移動平均線を上抜けずに反落したら売り」です。

　こちらも戻り高値でのエントリーとなり、売りパターン②との違いは「移動平均線を上抜けているか否か」で区別されます。こちらの場合、一時的な買い圧力が弱いことから、**サイン通りに反転した場合、トレンドの中盤～終盤にかけての大きな下降につながることが多いです。**

　売りパターン③も「戻り高値からの反転をしっかりと確認する」ことが、エントリー精度を上げるためのコツです。特に、戻しの上の部分で上ヒゲを伴ったローソク足が確認できる場面や、上昇フラッグなどの保ち合いから下向きにブレイクする場面などの条件を追加することで、よりタイミングを捉えやすくなります。

移動平均線の角度にも注目

　また、それに併せて確認しておきたいのが移動平均線の傾きです。売りパターン③ではトレンドが一休みして、再度加速していくサインとなるため、**なるべく移動平均線にしっかりと下向きの角度が付いている状況を選ぶ必要があります。**横ばいに近い角度では、トレンドの勢いが弱ってきているため、上抜け（トレンド転換）の可能性も高くなるからです。

用語解説

戻り高値　　　　　　　下降トレンドで株価が一時的に上昇して付いた高値のこと。再下落する際に、高値掴みした投資家の損切りもあり、売りの勢いが強くなりやすい。

下降トレンド中、戻り高値が移動平均線を上抜けずに反落した ➡ **(!)売りサイン**

【GMOグローバルサインHD（3788）日足】

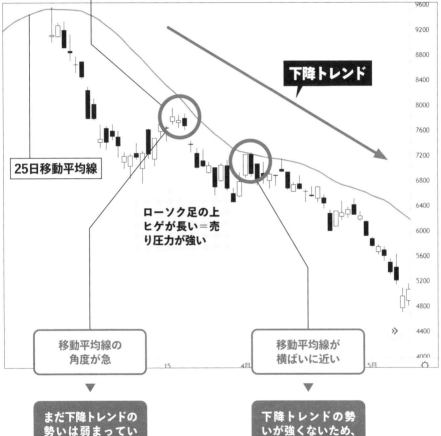

下降トレンド

25日移動平均線

ローソク足の上ヒゲが長い＝売り圧力が強い

移動平均線の角度が急

移動平均線が横ばいに近い

▼

まだ下降トレンドの勢いは弱まっていないと判断できる

▼

下降トレンドの勢いが強くないため、継続するか判断が難しい

プロのアドバイス

ローソク足の上ヒゲ、移動平均線の角度、チャートパターンなどに注目してエントリーの精度を上げましょう

グランビルの法則の
売りパターン④

売りパターン④は移動平均線から大きくかい離したタイミングで売りを入れます。逆張りの売りサインですが、買いの利確でも使われます。

新規の空売りと買いの利確、どちらでも使える

売りパターン④は「**移動平均線が上向きで、株価が移動平均線より上に大きくかい離したら売り**」です。逆張りとして新規の空売りと、下から買っていた場合の利益確定、2つの状況で使い分けられます。

逆張りの場合は、買いパターン④の反対の発想で、株価が買われすぎて移動平均線から大きくかい離したところで、新規の空売りを入れます。

しかし、やはり逆張りは相場の少数派の発想ですし、トレンドに反したエントリーとなるので、損切りの水準などは順張りで売買を行う場合よりも、より慎重に設定する必要があります。

サプライズで株価が吹き上がったら利益確定

そのため、売りパターン④は利益確定で使うほうがより実用的かもしれません。単に「上昇トレンド中に吹き上がったら利益確定を行う」だけなのですが、実際、相場ではそうなる場面が時折発生します。

特に上方修正など、**一時的なサプライズで株価が反応した場合、一度調整してからトレンド方向に上昇していくため、早めに利益確定しておいたほうがよいケースもある**のです。そのため、売りパターン④を利益確定で活用する場合は、「移動平均線かい離率（166ページ参照）」なども活用して、水準を決めておくとよいでしょう。

用語解説	
上方修正	企業が年度途中で、業績予想などで出していた売上など数字を高く修正すること。業績がよいことの表れなので、発表により株価が上がりやすい。

移動平均線が上向きの状態で、株価が移動平均線から大きくかい離している ➡ **(!) 売りサイン**

【スノーピーク（7816） 日足】

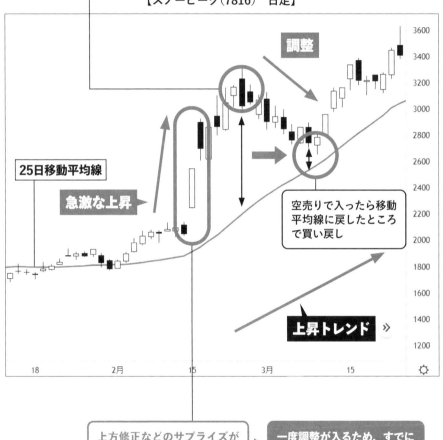

調整

25日移動平均線

急激な上昇

空売りで入ったら移動平均線に戻したところで買い戻し

上昇トレンド »

上方修正などのサプライズがあり、買われすぎの状態に ➡ 一度調整が入るため、すでに買っている場合は早めに利確

第5章 ローソク足＋移動平均線

プロのアドバイス

「吹き上がったら利確」が実用的な使い方です。空売りで入るなら慎重な損切り設定が必要となります

ゴールデンクロスと デッドクロス

2本の移動平均線のクロスはトレンドの転換をシンプルに表します。短期線が長期線を上抜けるとゴールデンクロスとなり買いサインです。

2本の移動平均線の位置関係で売買のタイミングを分析

　移動平均線を使った分析のなかで、最も視覚的にシンプルでわかりやすい「クロス」について解説していきます。この手法では**パラメーターの異なる2本の移動平均線をチャートに表示させ、それらの位置関係で売りや買いのタイミングを分析していきます。**

　そもそも上昇トレンドや下降トレンドは、売りと買いのバランスがどちらかに極端に偏ることによって発生します。

　ただし、そのトレンドを支えている売り手・買い手のなかにも、「デイトレードやスキャルピングなどの短期勢」「数カ月～年単位の長期勢」などさまざまな層が含まれています。

短期勢と長期勢の動向を移動平均線で可視化する

　当然、それぞれの投資方針によって売買する期間も異なるので、ざっくりといえば、目先の動きは短期勢、長期的なトレンドは長期勢がそれぞれ影響を与えることになります。

　そのため、**トレンドの初動や終盤はまず短期勢が先に動き、その後、長期勢が後追いする形で本格的な値動きにつながっていきます。**これはトレンドとそれをつくる投資家との関係性なのですが、それをわかりやすく可視化するのが短期移動平均線と長期移動平均線のクロスです。

用語解説

デイトレード　　　同じ銘柄を買ったその日のうちに売り、または売ったその日に買い戻し、翌日に持ち越さずに損益を確定する短期の売買手法のこと。

パターン**49** 上昇トレンドへの転換を示す「ゴールデンクロス」

ゴールデンクロス

上向きの長期線を上向きの短期線が
上抜けた状態。トレンドの初期で短期
勢が買い、長期勢が後追いしている

▶ 上昇トレンドへの
転換を示す

【ユーグレナ（2931） 日足】

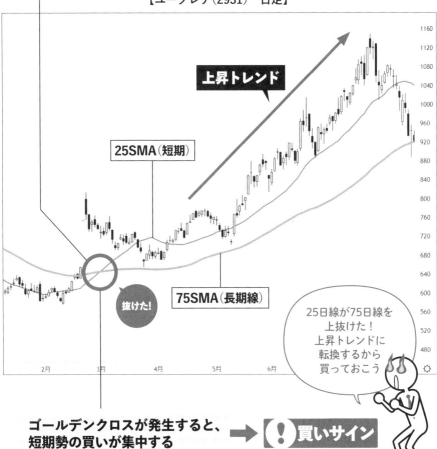

上昇トレンド

25SMA（短期）

75SMA（長期線）

抜けた！

25日線が75日線を
上抜けた！
上昇トレンドに
転換するから
買っておこう

第5章 ローソク足＋移動平均線

**ゴールデンクロスが発生すると、
短期勢の買いが集中する** ➡ **【！】買いサイン**

プロのアドバイス

**異なる期間の移動平均線を表示させて短期と長期の投資家
の動きを把握し、売買のタイミングを判断しましょう**

移動平均線の長期・短期は相対的

どの移動平均線が「長期」「短期」なのかは、あくまで相対的なものですが、例えば短期として25日移動平均線、長期として75日移動平均線の2本を表示すると、「1カ月分の投資家の平均＝25日移動平均線」「3カ月分の投資家の平均＝75日線」という形で、それぞれ異なる期間の平均値を可視化されます。

つまり、2本の移動平均線をチャート上に表示することで、短期的な投資家の動きと長期的な投資家の動きを分析することができるのです。

ゴールデンクロスは上にトレンド転換

この考え方を前提として売買サインに応用したのが、「ゴールデンクロス（GC）」と「デッドクロス（DC）」です。

ゴールデンクロスは上昇局面での買いサインで、155ページの図のように2本の移動平均線のうち、期間の大きな移動平均線（長期線）を、期間の小さい移動平均線（短期線）が上抜ける状態のことを指します。

ゴールデンクロスが発生した場合、短期勢を中心に新規の買いが集中し、下降トレンドから上昇トレンドへの転換を示すサインとなります。

反対に、**上向きもしくは横ばい状態の長期線を短期線が下抜けた場合はデッドクロスと呼ばれ、上昇トレンドから下降トレンドへの転換を示すサインとして考えられています。**

ただし、注意しておかなければいけないのは、GC、DCというのはあくまで「短期勢の動きが反映されたサイン」という点です。先程の図ではGC、DC後、素直にトレンド方向に株価が伸びていますが、これはGC、DC後にしっかりと長期勢もトレンド転換したケースです。

いくらトレンド転換のサインとはいえ、ダマシになることもよくあるので、グランビルの法則（136ページ参照）など、ほかの分析手法を組み合わせるなどして精度を上げる必要があります。

用語解説	
スキャルピング	デイトレードよりさらに短期で売買する手法のこと。エントリー後、数十秒〜数分で決済する取引を繰り返し、利益を積み上げる。

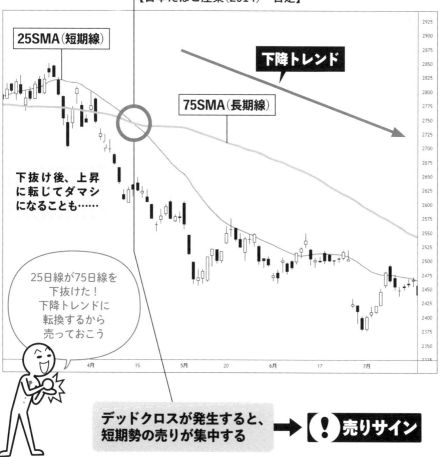

デッドクロス
下向きの長期線を下向きの短期線が下抜けた状態。トレンドの初期で短期勢が売り、長期勢が後追いしている

▶ 下降トレンドへの転換を示す

【日本たばこ産業(2914) 日足】

25SMA(短期線)

下降トレンド

75SMA(長期線)

下抜け後、上昇に転じてダマシになることも……

25日線が75日線を下抜けた！下降トレンドに転換するから売っておこう

デッドクロスが発生すると、短期勢の売りが集中する ▶ (!)**売りサイン**

第**5**章 ローソク足＋移動平均線

プロのアドバイス

GC、DCは短期勢の動きなので、ダマシに引っかからないようにグランビルの法則などと合わせて分析しましょう

複数のサインが重なるポイントを探す

複数の移動平均線を見ることで、より高い精度でトレンドを見極めることができます。グランビルの法則が重なるポイントを探しましょう。

短期、長期それぞれでサインが重なるポイントを探す

　複数の移動平均線を使った分析は、GC・DCのほかにも、さまざまな活用例があります。

　例えばグランビルの法則で解説した売買サインを、複数の移動平均線で見ていくような方法です。右の図は下降トレンドから転換後、大きな上昇トレンドにつながった事例です。チャートには10日SMA、25日SMAの2本を表示しており、トレンド転換前後の値動きに注目してください。

　ここでは、前半から下降トレンドが続いていましたが、まず**ローソク足が10日SMAを上抜けた後、一度移動平均線を少し下抜けてから反発し、25日SMAも上抜けて本格的な上昇が始まりました。**

複数視点でサインが重なればより信頼度が高まる

　これを10日SMAの視点で見ると、グランビルの法則における買いパターン②の場面です。さらに、25日SMAの視点では買いパターン①に当てはまります。つまり、**10日SMA視点で「上昇トレンド継続」と判断されるポイントと、25日SMA視点で「上昇トレンドのスタート」と判断されるポイントが重なっている**ということです。

　このように複数視点で買いサインが重なればより信頼度は高まるため、積極的に狙っていきたい場面です。

身につける！　　**移動平均線は短期線が先に動くもの。先に短期でサインが出たら、長期でもサインが出ないか長期線の動きにも注目する。**

パターン51 2本の移動平均線の買いサインが重なるポイント

10日SMAを下抜けてから再び上昇し、
上昇トレンドが継続（買いパターン②）  買いサイン

【GMOグローバルサインHD（3788）　日足】

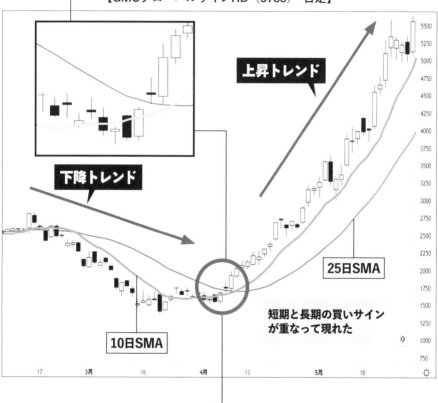

ローソク足が25日SMAを上抜け、上昇
トレンドがスタート（買いパターン①） 買いサイン

プロのアドバイス

短期と長期、2つの買いサインが重なって現れたら、信頼
度の高い買いサインといえます

強いトレンドを示す
パーフェクトオーダー

パーフェクトオーダーは、異なった3本の移動平均線が同じ方向を向いて動く
状態です。相場が非常に強いトレンドにあることを示しています。

トレンドが非常に強く、安定して動いていることを示す

　複数の移動平均線を使った分析手法として有名なのが「パーフェクト
オーダー」です。こちらは短期、中期、長期のそれぞれパラメーターが異
なった3本の移動平均線を使います。**パーフェクトオーダーとは、上昇ト
レンドの場合「3本の移動平均線が長期・中期・短期」の順で並んでいる
状態のことを指します。**下降トレンドの場合はその逆です。

　複数の移動平均線を表示すると、異なった投資家の動向を可視化できま
す。つまり、上向きのパーフェクトオーダーが出ている状態は、短期・中期・
長期、すべての投資家が同じ方向（買い）を向いていることを示し、上昇
トレンドが強く、かつ安定している状態と判断できるのです。

シンプルに売買を判断でき、安定して利益を伸ばせる

　パーフェクトオーダーは非常にわかりやすい判断基準で「売買する場面、
しない場面」を明確化できる点に強いメリットがあります。

　例えば右図のようなチャートにおいては、パーフェクトオーダーが発生
しているため、**「ローソク足が短期線の上に出たら買い、戻したら売り」**
を繰り返すだけです。

　また、パーフェクトオーダーは一度発生するとトレンドも長く続く傾向
があるので、うまく乗れば長期で利益を伸ばすことができます。

身につける！　短期、中期、長期の移動平均線の組み合わせは、「10日、25日、75日」や「25
日、75日、200日」などが使われることが多い。

上向きのパーフェクトオーダーのときに、ローソク足が短期線の上に出た　 買いサイン

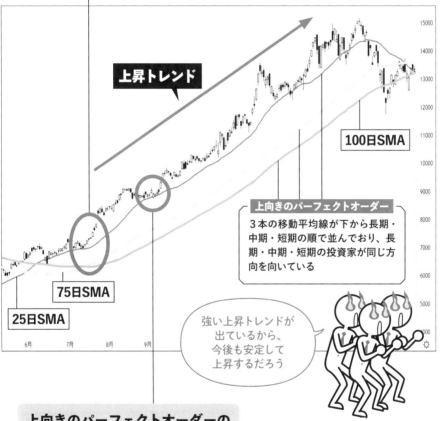

【日本電産（6594）　日足】

上昇トレンド

100日SMA

上向きのパーフェクトオーダー

３本の移動平均線が下から長期・中期・短期の順で並んでおり、長期・中期・短期の投資家が同じ方向を向いている

75日SMA

25日SMA

強い上昇トレンドが出ているから、今後も安定して上昇するだろう

6月　7月　8月　9月

15000
14000
13000
12000
11000
10000
9000
8000
7000
6000
5000

上向きのパーフェクトオーダーのときに、ローソク足が短期線の位置まで戻った　➡ 売りサイン

プロのアドバイス

「ローソク足が短期線の上に出たら買い、戻したら売り」を繰り返すだけのシンプルな売買ができます

パーフェクトオーダーと ほかのサインを活用

パーフェクトオーダーは頻繁に現れるものではありません。そのため、「ポジションの上乗せ」で活用すると有効です。

トレンドの初動はほかのサインを使ってエントリーする

パーフェクトオーダーは見つけることさえできれば、トレンドに沿って安定して利益を出せるようになるため、必ず注目しておきたい移動平均線のパターンです。

一方、特に日足や週足など比較的長い時間軸では、パーフェクトオーダーは頻繁に出現するわけではありません。そのため、**トレンドの初動はほかのサインを活用して買いエントリーを行い、パーフェクトオーダーが出現したら、ポジションをさらに上乗せていく**スタンスが理想的です。

ダウ理論やグランビルの法則でトレンド初動を見る

例えば、右図の中盤ではパーフェクトオーダーが発生していますが、その直前のトレンド転換したポイントからでもエントリーは可能です。2020年5月以降の値動きは25日SMAを軸に見ると買いパターン①や②が発生していますし、ダウ理論における上昇トレンドへの転換が判明するポイントとも重なっています。

最初に25日SMAを上抜けただけでは少し根拠が弱いですが、**複数のサインが重なるようなら、こうした場面でのエントリーも十分勝率はあります**。その意味で、最初からパーフェクトオーダーを狙うような場合、それ以外のエントリーは「試し玉」として様子を見るのもひとつの手です。

用語解説	
試し玉	相場の感触を確かめるために、試しに買い建てる（売り建てる）ポジションのこと。小さい単位で試すことで、失敗しても損切りがしやすい。

パターン53　3本の移動平均線が示すトレンドの初動

SMAが下から長期、中期、短期の
順に並ぶ、上向きのパーフェクト　➡　【!】買いサイン
オーダーが出現

【日本電産（6594）　日足】

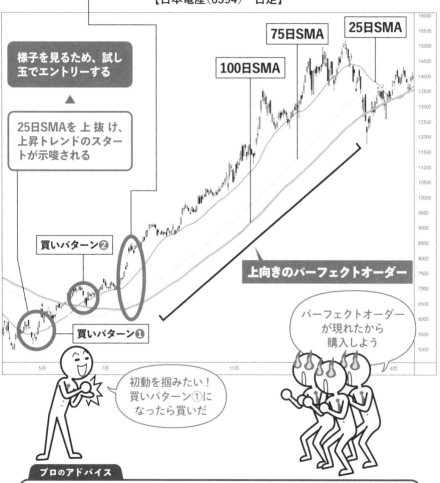

様子を見るため、試し
玉でエントリーする
▲
25日SMAを上抜け、
上昇トレンドのスター
トが示唆される

75日SMA
25日SMA
100日SMA

買いパターン❷

買いパターン❶

上向きのパーフェクトオーダー

パーフェクトオーダー
が現れたから
購入しよう

初動を掴みたい！
買いパターン①に
なったら買いだ

プロのアドバイス

パーフェクトオーダーは出現率が高くないので、ほかのサ
インでトレンドの初動を把握するようにしましょう

移動平均線で
休む場面を意識する

ときにはトレンドが転換点を迎え、相場が下降していくこともあります。順張り戦略では売買しない(休む)決断も重要です。

パーフェクトオーダーの終了後の動きは共通

　パーフェクトオーダーの出現は、その銘柄にとって大きなトレンドが出現しているということでもあり、トレンドも安定しやすいのが特徴です。

　またほかにも、トレンド終了後の移動平均線のパターン変化にも注目しておく必要があります。右の図は2つの銘柄のチャートを並べたものですが、パーフェクトオーダー終了後、似た値動きになっています。

　まず、**株価が強く短期線を下抜け、そのまま中期線と長期線を下抜けると一旦勢いが止まります**。その後、上下にもみ合いながら、徐々に下降トレンドに転換し、今度は下向きのパーフェクトオーダーになります。

　移動平均線も株価の変化に伴って、最初に短期線が下向きになり、その後、徐々に中期線や長期線が下向きになっていくのが見て取れます。

短期線が中期線・長期線を割り込む＝トレンドの終わり

　こうした動きは典型的なトレンド転換のパターンで、パーフェクトオーダーを基準に順張りしていくような場合、**短期線が中期線や長期線を割り込んだ場合は、一旦「休む(＝売買しない)場面」と意識**しましょう。この状態から、再度上昇トレンドが発生するとしても、かなり時間が必要ですし、むしろトレンド転換につながるような動きをすることが多いからです。

身につける！　　一度下降トレンドに入ってしまうと、上向きに戻るのに時間がかかるため、気長に待つ心の準備が大事。

【ユーザーベース（3966）　日足】

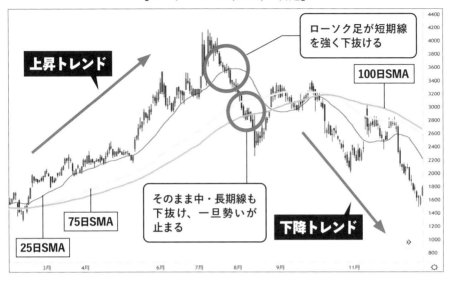

【ユーグレナ（2931）　日足】

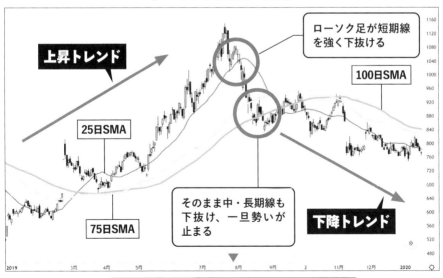

パーフェクトオーダーのトレンドは安定しやすく、
上下のチャートで似た値動きになっている

第**5**章

ローソク足＋移動平均線

戻しのタイミングを計る
移動平均線かい離率

株価と移動平均線の比較により、株の買われすぎ・売られすぎを判断する指標
です。逆張り戦略で戻しのタイミングを分析する際に有効となります。

移動平均線と株価のかい離を数値化するのが「かい離率」

　グランビルの法則、買いパターン④・売りパターン④のように、株価が
移動平均線から大きく離れたタイミングを狙って逆張りする手法では「移
動平均線かい離率」と組み合わせると、より精度を高められます。

　**移動平均線かい離率は、「移動平均線から株価がどれだけ離れて（かい
離して）いるか」をパーセンテージとして示すテクニカル指標**のことです。
かい離率は株価が移動平均線とまったく同じ位置にある場合は0％、上方
向に離れる場合は10％、下方向に離れる場合は－10％といった数字の表
記で示されます。つまり、この**数値が大きいほど、上下どちらかに移動平
均線から株価が離れている**ということです。

かい離率には銘柄によって傾向や特徴がある

　このテクニカル指標を使い、**かい離率が大きくなったタイミングを狙っ
て逆張りしていくのが基本戦略**となります。

　コツとしては、移動平均線から株価がかい離する際、銘柄によって数値
に特徴がある場合があります。例えば右の図では下方向に大きく10％前
後かい離した後に反転しています。こうした銘柄における特徴を過去の
チャートを確認して分析できれば、逆張りの精度を高めることができます。

☑Check!　**テクニカル分析は相場の流れを判断するトレンド系と、かい離率のよう
に相場の過熱度を判断するオシレーター系とに分けられる。**

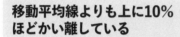

移動平均線よりも上に10%
ほどかい離している ➡ 【!】売りサイン

【ソフトバンクグループ（9984） 日足】

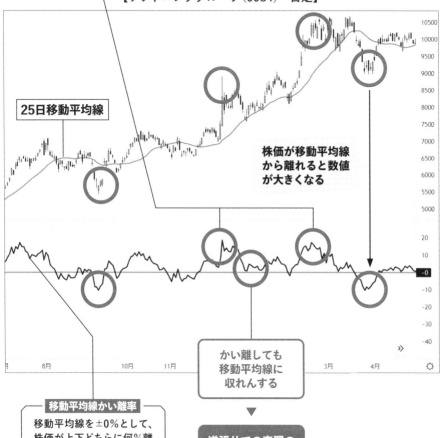

25日移動平均線

株価が移動平均線
から離れると数値
が大きくなる

かい離しても
移動平均線に
収れんする

▼

逆張りでの売買の
目安になる

移動平均線かい離率
移動平均線を±0％として、
株価が上下どちらに何％離
れているかを示した指標

第**5**章

ローソク足＋移動平均線

プロのアドバイス

**10％、20％などどこで反発するか銘柄における特徴を分
析することで、逆張りの精度を高めることができます**

167

練習

問題❶──移動平均線のポイント

グランビルの法則①〜③はどこにある?

【ソフトバンクグループ（9984） 日足】

25日移動平均線

積み増しするなら
どこがいいかな？

株価が上昇する3つのサイン

　移動平均線を使った売買のパターンについて振り返りましょう。

　上の図はソフトバンクグループ（9984）の日足チャートに25日移動平均線を表示させたものです。

　このチャート上では2020年4月以降、グランビルの買いパターン①〜③に当てはまるポイントが1カ所ずつあります。

　順張り戦略において、「新規買い」「積み増し」に適したポイントはどこなのか考えてみましょう。

練習

(問題❷——移動平均線のポイント)

どのポイントが
パーフェクトオーダー？

【サイボウズ（4776）　日足】

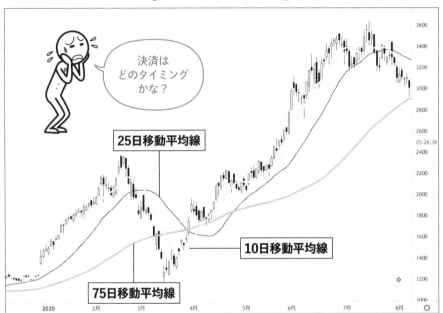

決済は
どのタイミング
かな？

25日移動平均線

10日移動平均線

75日移動平均線

第5章

ローソク足＋移動平均線

パーフェクトオーダーでの売りと買い

　パーフェクトオーダーを使った売買についての問題です。

　上のチャートはサイボウズ（4776）の日足で、10日移動平均線、25日移動平均線、75日移動平均線の3種類を表示しています。

　パーフェクトオーダーを使った売買では「3つの移動平均線が上から短期・中期・長期の順に並び、その上にローソク足が出れば買い（この条件が崩れれば売り）」でした。このサインを踏まえて、買い目線でどこが「エントリー」「利益確定（もしくは損切り）」となるでしょうか。

練習

解答❶——移動平均線のポイント

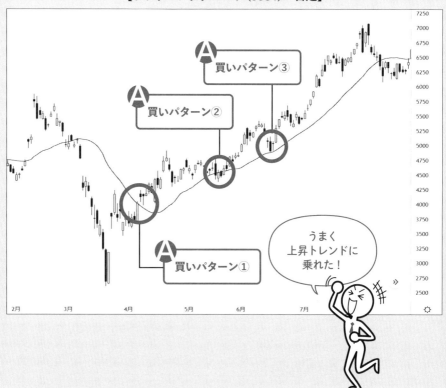

【ソフトバンクグループ（9984）　日足】

買いパターン③

買いパターン②

買いパターン①

うまく
上昇トレンドに
乗れた！

チャート上に①〜③のパターンがひとつずつある

　正解は、丸で囲んだポイントです（138〜143ページ参照）。

　最初の丸では、25日移動平均線が下向きから横ばいになり始めたところで、ローソク足が上抜けているため、「買いパターン①」に当てはまります。２番目の丸ではローソク足が移動平均線を一度下抜けてから反発しているため、「買いパターン②」に該当します。

　３番目の丸では25日移動平均線が上向きの状態で、ローソク足が下抜けずに反発しているため、「買いパターン③」とわかります。

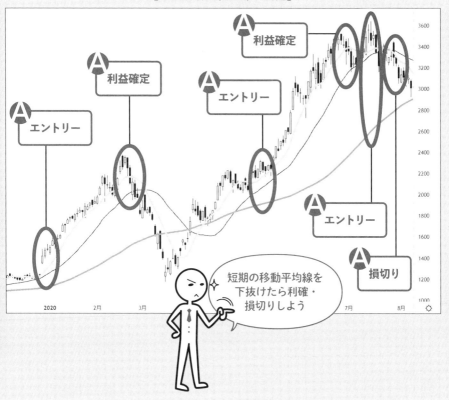

解答❷──移動平均線のポイント

【サイボウズ(4776)　日足】

第**5**章　ローソク足＋移動平均線

条件が整ったら「買い」、崩れたら「売り」

　正解は丸で囲んだポイントです。この期間において、パーフェクトオーダーの買いサインに従うと、3回エントリーを行うことができます。売りもエントリーに対応して3回あります。そのうち2回は利益確定できていますが、最後は損切りで終わっています（160ページ参照）。

　このように、パーフェクトオーダーに沿った売買は必然的にトレンドを追っていく形になるため、トレンドが続く限りは利益を伸ばしていけるのもメリットのひとつです。

応用

順張りの最後で「損切り」は問題ない

　すでに形状ができ上がったチャートを後から見ると、「ここが買い（売り）だった」というポイントが一目でわかります。そのため、問題②の最後は損切りとなっていますが、後付けでチャートを見ていると「ここの損切りは避けられたのでは？」と考えてしまいがちです。

　しかし、下の図のように、最後の買いエントリーをリアルタイムで見た場合はどうでしょうか。パーフェクトオーダーの条件は整っており、ここからさらに株価上昇していきそうな場面なので、買いエントリーを行うポイントとして適していると考えることもできます。

【サイボウズ(4776)　日足】

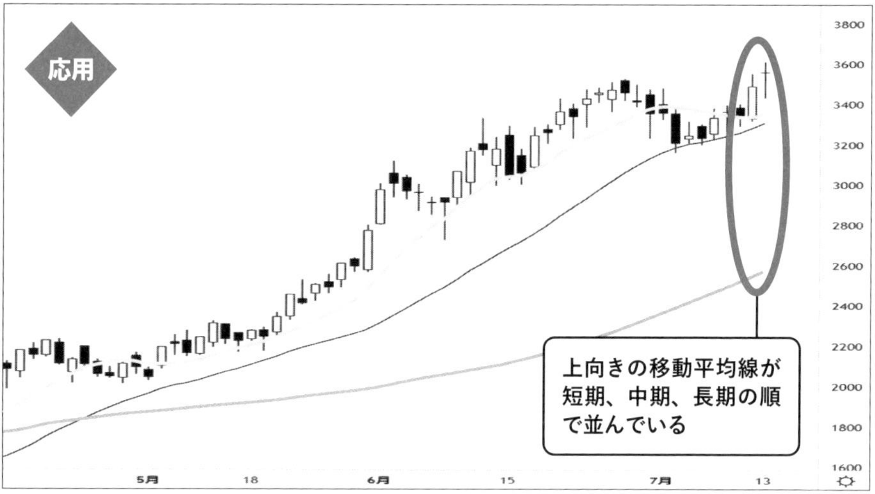

応用

上向きの移動平均線が
短期、中期、長期の順
で並んでいる

パーフェクトオーダーに従って買う

　そうであれば、単純にパーフェクトオーダーのサインに従って買えばよい場面ですし、仮にここから損切りになるような動きをした場合は「上昇トレンドが一旦終了した」と判断すればよいだけです。

　順張りのエントリールールに従って最終的に損切りで終わるのはまったく問題がありません。

第 6 章

テクニカル指標

テクニカル指標を使って値動きを分析する

第5章で紹介した移動平均線以外にもさまざまなテクニカル指標があります。代表的なトレンド系指標やオシレーター系指標に加え、ローソク足の代わりに表示する特殊なチャートも紹介します。

Keywords

- ●BB
- ●一目均衡表
- ●パラボリック
- ●エンベロープ
- ●サイコロジカル
- ●RSI
- ●ストキャス
- ●RCI

- ●DMI
- ●MACD
- ●P&F
- ●新値足
- ●平均足
- ●フィボナッチ
- ●出来高
- ●VWAP

ボリンジャーバンド①
基本の構造

株価が上下に動く「幅」を可視化するボリンジャーバンドを使うことで、値動きの範囲を予想しやすくなります。

移動平均線をアレンジしたテクニカル指標

さて、ここからは移動平均線以外に有効活用できるテクニカル指標や、追加要素について解説していきます。

まず紹介する「ボリンジャーバンド」はアメリカのチャート研究家であるジョン・ボリンジャーが開発したテクニカル指標です。**ざっくりといえば、株価の上下幅を帯（バンド）として可視化したもの**で、移動平均線をアレンジした計算式によって算出されます。

右ページの下図のように、黒色の中心線（基準線とも呼ばれます）を軸に上下に表示されている帯がボリンジャーバンドです。

値動きは99.7%の確率で±3σのなかに収まる

中心線に近い順に上側は＋1σ（シグマ）、＋2σ、＋3σ、下側は−1σ、−2σ、−3σと名前が付いています。ボリンジャーバンドは「標準偏差」という統計学の概念が計算式に使われていて、**それぞれのバンドは「株価の値動きが一定の確率でバンドに収まる範囲」を示しています。その確率は±1σが68.3%、±2σが95.4%、±3σが99.7%です。**

ここから「基本的な値動きはほとんどの確率で±3σのなかに収まる」といえるのですが、この特性を利用して分析を行うのがボリンジャーバンドの基本的な考え方です。

用語解説	
ボラティリティ	株価の変動の大きさのこと。また、商品のリスクの度合いとしても使われ、ボラティリティが大きいとリスクが高いと判断される。

ボリンジャーバンドの構造

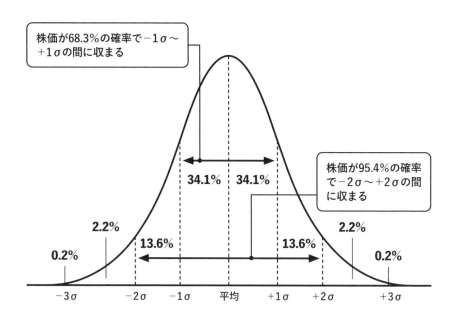

株価が68.3%の確率で−1σ〜＋1σの間に収まる

株価が95.4%の確率で−2σ〜＋2σの間に収まる

34.1%　34.1%

0.2%　2.2%　13.6%　13.6%　2.2%　0.2%

−3σ　−2σ　−1σ　平均　＋1σ　＋2σ　＋3σ

第6章　テクニカル指標

【日経平均　日足】

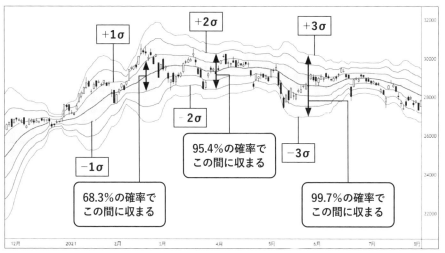

＋1σ　＋2σ　＋3σ

−1σ

−2σ

−3σ

68.3%の確率でこの間に収まる

95.4%の確率でこの間に収まる

99.7%の確率でこの間に収まる

ボリンジャーバンド②
±３σの反発で逆張り

値動きがほとんどの確率で±３σに収まることから、±３σを基準に「売られすぎ・買われすぎ」と判断して逆張り戦略に活用できます。

±３σから中心線に跳ね返る動きに合わせて利益を狙う

　ボリンジャーバンドは使い方を工夫することで逆張り・順張りどちらの戦略でも活用することができます。まずは逆張り戦略での使い方を解説していきましょう。前述の通り、値動きはほとんどの確率（99.7％）で±３σに収まります。

　ということは、どんなに急激な動きが出たとしても、よほどのことがない限りは±３σを抜けずに跳ね返されていくと考えることができます。

　この特性を利用して、株価の「売られすぎ・買われすぎ」が発生した場合に、**ボリンジャーバンド±３σ（状況によっては±２σ）に近づき、跳ね返された動きに合わせて逆張りを行えば、中心線に向かって戻しが発生する動きに合わせて利益を狙うことができます。**

支持線・抵抗線なども併用する

　考え方はシンプルですが、ボリンジャーバンドも絶対的な指標ではないため、ときには±３σを超えて強い動きが発生する場合もあります。

　例えば右の図では、**ボリンジャーバンド−３σを下ヒゲを付けて反発していますが、加えて過去に２度反発した安値から引いた水平線とポイントが重なっています。**このように、複数の視点を組み合わせることで精度を高めることができます。

> **身につける！** ボリンジャーバンドはトレンド系指標だが、オシレーター系指標のように「買われすぎ」「売られすぎ」という状況もわかる。

値動きは99.7%の確率でボリンジャーバンドの±3σに収まる ▶ **±3σに近づいたら反発する**

【日本航空（9201）　日足】

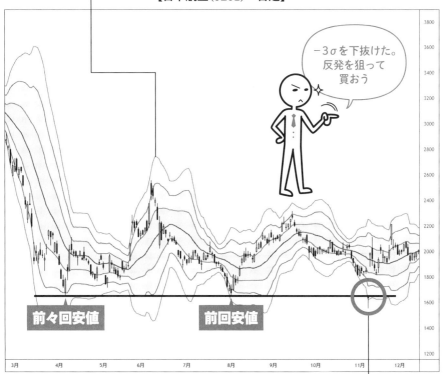

−3σを下抜けた。反発を狙って買おう

前々回安値

前回安値

買いサイン ← **前回、前々回安値、ボリンジャーバンドの−3σが重なっているラインに到達**

 プロのアドバイス

ボリンジャーバンドも絶対的な指標ではないため、複数の視点を組み合わせて精度を高めましょう

ボリンジャーバンド③ バンドウォークで順張り

±1σを超えるということは、31.7％の稀な事態が続いている＝トレンドに勢いが付いているということです。それを利用して順張りの戦略が取れます。

株価が中心線と±1σを抜けたら順張りのチャンス

ボリンジャーバンドは「株価の値動きが一定の確率でバンドに収まる範囲」を示していますが、逆に考えると、例えば±1σを株価が抜けた場合、31.7％しか起こらない事象が発生しているわけで、「株価の変動に勢いが付いている」と捉えることができます。

加えて株価が±1σを超えて、しばらくバンドの外側で推移した場合はどうでしょうか。これは、**31.7％しか起こらない事象が続いているわけで、抜けたのが上方向であれば「平均的な値幅よりも買われ続けている＝上昇トレンドが発生している」**と考えることができるのです。

つまり、株価が中心線に戻らず、±1σの外側で推移している間はトレンド継続のサインとなるので、順張りのチャンスとも考えられます。

バンドウォークを狙うと安定してトレンドを追える

また、この分析方法において重要になるのが「バンドウォーク」です。バンドを超え続けると勢いが強いと判断できるとはいえ、±3σを超える場合は急な値動きになりがちなので、トレンドが安定しづらいのです。

そのため、この戦略の場合は、**株価が±1σの外側から±3σの内側に収まるような動き（＝バンドウォーク）をしている状態を狙ってエントリーすると、安定してトレンドを追うことができます。**

実践！ 　上昇トレンドでは、バンドウォーク中は買い、＋1σ下抜け、＋3σ上抜けで売りの戦略を取ることができる。

パターン**57**	「ボリンジャーバンド」のバンドウォーク

株価が+1σを超え、+1σ〜+3σで
推移しているバンドウォークの状態 ➡  買いサイン

【日本航空（9201）　日足】

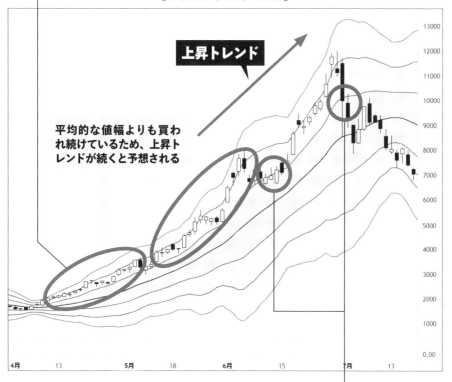

上昇トレンド

平均的な値幅よりも買わ
れ続けているため、上昇ト
レンドが続くと予想される

売りサイン ⬅ 株価が+1σを下抜け、押し目あるいは
トレンド終了が示唆される

プロのアドバイス

バンドウォークを狙ってエントリーすると、安定してトレンドを追う順張りの戦略が取れます

株価の水準を見る
ボリンジャーバンド％B

％Bはボリンジャーバンドを別の角度からチャートに表示できる指標です。指定のバンドのなかで、現在の株価がどの位置にあるかを見られます。

数値が1以上、もしくは0以下になったポイントに注目

　ボリンジャーバンド％B（以下％B）は、ボリンジャーバンドをオシレーターとして表示したテクニカル指標で、「指定したσのなかで、現在の株価がどの位置で動いているのか」を示したものです。考え方はシンプルで、例えば±2σを採用する場合、株価が＋2σを上抜ければ％Bは1以上になり、反対に−2σを下抜ければ0以下になります。

　％Bも逆張り、順張りどちらにも使うことができます。**逆張りでは±2σや3σを指定し、％Bが1以上の場合は買われすぎで「売り」、0以下の場合は売られすぎで「買い」が基本的な考え方です。**

±1σで頻繁に1以上になるなら上昇トレンド継続

　順張りの場合は±1σを指定し、頻繁に1以上になる場合は上昇トレンド、逆に、頻繁に0以下になる場合は下降トレンドが出ていると判断します。**エントリーの目安としては0.5付近から上昇（もしくは下降）するタイミングで新規エントリーを行い、頻繁に1以上（0以下）で推移するようならポジションを積み上げる形で順張りするとよいでしょう。**

　％Bはボリンジャーバンドを使う場合と基本的な考えは変わりません。そのため、例えば、移動平均線がメインに、ボリンジャーバンドの要素も取り入れたいといった場合に、チャート画面を複雑にせずにすみます。

☑Check!　**株価が中心線にあるときが0.5なので、バンドウォーク中は常に％Bの数値が0.5以上か0.5以下になる。**

BB%Bの計算式

| BB上のラインの値 | － | BB下のラインの値 | ＝ | BBの幅 |

| 価格 | － | BB下のラインの幅 | ＝ | 現在の水準 |

| ％Ｂ ＝ | 現在の水準 | ÷ | BBの幅 |

【トヨタ自動車（7203）　日足】

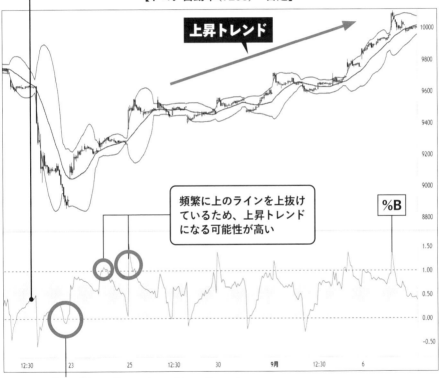

上昇トレンド

頻繁に上のラインを上抜けているため、上昇トレンドになる可能性が高い

％B

10000
9800
9600
9400
9200
9000
8800

1.50
1.00
0.50
0.00
-0.50

12:30　　23　　　25　　12:30　　30　　9月　　12:30　　6

％Ｂの数値が0以下になったため、売られすぎていることがわかる　➡　（！）**買いサイン**

プロのアドバイス

上のラインを上抜けた「1以上」の状態が頻繁に起こる場合は上昇トレンドになる可能性が高いです

第**6**章　テクニカル指標

一目均衡表①
基本となる5つの線

5本の線を使ってチャートを分析するテクニカル指標です。複雑そうですが、
線の組み合わせと売買サインに注目するだけでも有効な分析が行えます。

線の名称	計算
基準線	（過去26日間の最高値＋過去26日間の最安値）÷2
転換線	（過去9日間の最高値＋過去9日間の最安値）÷2
先行スパン1	（転換値＋基準値）÷2　　を26日先に表示
先行スパン2	（過去52日間の最高値＋過去52日間の最安値）÷2 を26日先に表示
遅行線	当日終値を26日前に表示

特定の線の組み合わせに注目すると意外とシンプル

　一目均衡表は、昭和初期に都新聞社の商況部部長であった細田悟一氏（ペンネーム　一目山人）が開発した、日本発祥のテクニカル指標です。

　一目均衡表は「基準線」「転換線」「先行スパン1・2」「遅行線」の合計5本の線とローソクを使い分析していきます。また、本格的に一目均衡表の分析に取り組む場合、「時間論」や「波動論」といった理論も合わせて考える必要がありますが、5本の線のうち、必要な線の組み合わせと、売買サインだけに注目する場合は、意外とシンプルに分析を行えます。

☑Check!　**一目均衡表のテーマは時間であり、時間と価格の間には関係性があるとの考えから編み出されたテクニカル手法。**

一目均衡表の5本の線

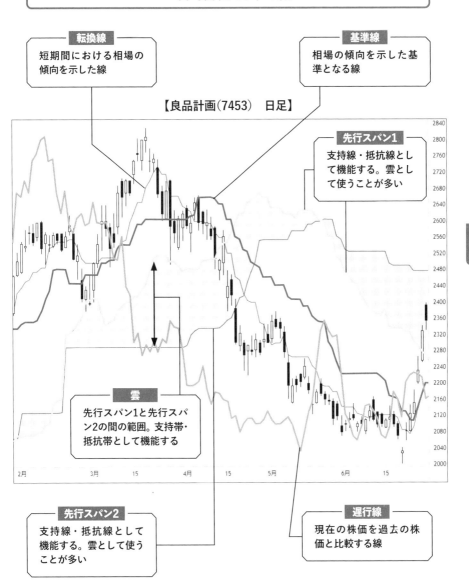

転換線
短期間における相場の傾向を示した線

基準線
相場の傾向を示した基準となる線

【良品計画（7453） 日足】

先行スパン1
支持線・抵抗線として機能する。雲として使うことが多い

雲
先行スパン1と先行スパン2の間の範囲。支持帯・抵抗帯として機能する

先行スパン2
支持線・抵抗線として機能する。雲として使うことが多い

遅行線
現在の株価を過去の株価と比較する線

プロのアドバイス

5つの線の組み合わせによって分析するため、それぞれの線の役割を大まかに区別できるようにしておきましょう

一目均衡表②
三役好転・三役暗転

「三役好転」・「三役暗転」はトレンド転換からの強い売買サインとなります。「転換線と基準線」「遅行線抜け」「雲抜け」の３つの基準から見分けます。

３つの条件を満たしたポイントを見つける

　一目均衡表を使った分析方法は、特にトレンド転換からのエントリーが比較的わかりやすいです。この判断を行う際には「**①転換線が基準線を上抜け**」「**②遅行線がローソク足を上抜け**」「**③ローソク足が雲を上抜け**」の３つのフィルターを通して分析を行います。

　①に関しては、計算式は違いますが移動平均線のゴールデンクロスと考え方が似ていて、短期的な相場の方向性を示す転換線が、長期的な相場の方向性を示す基準線を上抜けることで、トレンド転換を示します。

　②遅行線は26日前の株価と比較して相場の強弱を判断します。遅行線が26日前の株価を上回ることで強気相場への反転を示しています。

　③先行スパン１と２の間にできた間隔（雲）は相場の支持帯・抵抗帯と考えられていて、上抜けることで上昇トレンドへの転換を示します。

頻繁には発生しないが、見つけられればチャンス

　この、①～③までの条件が整った状況のことを「三役好転」といい、一目均衡表の分析において非常に強い買いサインと考えられています。また三役好転と反対の状況は「三役暗転」と呼び、強い売りサインです。

　三役好転や暗転は頻繁に発生するサインではありませんが、仮に見つけられた場合はチャンスとなりやすいので注目しておきましょう。

☑Check!　三役暗転は「①転換線が基準線を下抜け」「②遅行線がローソク足を下抜け」「③ローソク足が雲を下抜け」の３つが条件となる。

パターン59 「一目均衡表」の三役好転

【日本電産（6594） 日足】

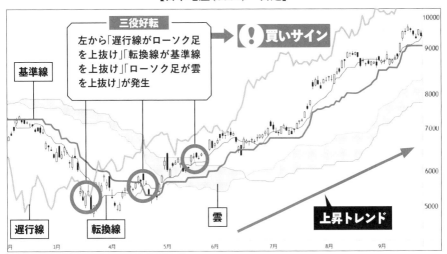

三役好転
左から「遅行線がローソク足を上抜け」「転換線が基準線を上抜け」「ローソク足が雲を上抜け」が発生

【！】買いサイン

基準線

雲

上昇トレンド

遅行線

転換線

パターン60 「一目均衡表」の三役暗転

【日本電産（6594） 日足】

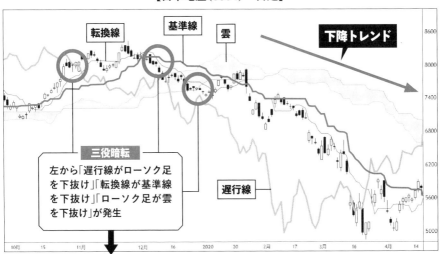

転換線

基準線

雲

下降トレンド

三役暗転
左から「遅行線がローソク足を下抜け」「転換線が基準線を下抜け」「ローソク足が雲を下抜け」が発生

遅行線

【！】売りサイン

一目均衡表③
雲でトレンドを判断

先行スパン1と先行スパン2によってつくられる雲は支持帯・抵抗帯として機能します。株価が雲を抜けるとトレンドが転換しやすくなります。

ねじれと雲抜けはトレンド転換のサイン

一目均衡表のなかに含まれる要素のうち、雲は単体で使っても視覚的にわかりやすく、かつ実用的です。

雲を使う場合は「トレンドの転換点」や「トレンドの支持や抵抗の強さ」の分析に有効です。

トレンドの転換点を分析する際には「ねじれ」と「ローソク足の雲抜け」に注目しましょう。**ねじれは先行スパン1と2の位置が逆転する現象のことで、一般的にねじれが発生した場合はトレンドの転換を示唆します。**

ローソク足の雲抜けに関しては、例えば**上昇相場でローソク足が雲のなかに突入し、先行スパン2を突き抜けると下降トレンドへの転換サインと考えられます。**

反転しやすいポイントとして意識されやすい

また、**ローソク足の雲抜けでトレンド転換が意識されやすくなるということは、支持帯・抵抗帯としても機能するということでもあります。**つまり、下降局面で一時的にローソク足が雲に近づくと抵抗線として意識されるので、戻り高値を狙って新規で空売りする際に活用できます。反対に、上昇局面で一時的に雲付近まで下落した場合、支持線として意識されるので、反発すれば押し目買いのポイントとして活用できます。

実践！ ねじれと雲抜け、どちらも発生すると100%トレンド転換するわけではないが、同時に確認できた場合は転換が意識されやすくなる。

【くら寿司（2695）　日足】

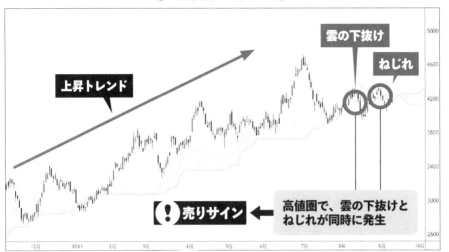

上昇トレンド

雲の下抜け

ねじれ

高値圏で、雲の下抜けと
ねじれが同時に発生

(!) 売りサイン

【くら寿司（2695）　日足】

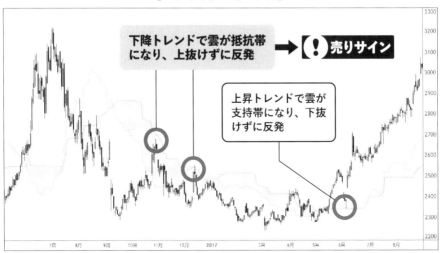

下降トレンドで雲が抵抗帯
になり、上抜けずに反発 → **(!)** 売りサイン

上昇トレンドで雲が
支持帯になり、下抜
けずに反発

第**6**章

テクニカル指標

187

相場の転換点を分析する
パラボリック

ローソク足の上下にある放物線状のテクニカル指標が「パラボリック」です。相場の転換を知り、株価の変動に惑わされずに利益を伸ばすことができます。

ローソク足がパラボリックを抜けるとトレンド転換

パラボリックは相場の転換点を分析したい場合に有用なテクニカル指標です。もともと、パラボリックとは「放物線」の意味で、SAR（ストップ＆リバース）と呼ばれる指標をつないでいくと放物線の形状になるため、このような名称が付けられています。

パラボリックの使い方としては、ローソク足がパラボリックの上で動いている場合は上昇局面と判断し「買いを継続」、株価が反転し、ローソク足がパラボリックを下抜けたら「売り」です。逆に、ローソク足がパラボリックよりも下で動き続けている限りは下降局面と判断し「売りを継続」、ローソク足がパラボリックを上抜ける動きになれば「買い」です。

強いトレンド下では株価の上下に惑わされずにすむ

パラボリックを売買戦略に使う利点として、ローソク足がパラボリックよりも上（もしくは下）にある状態が続く限り、ポジションをもち続けることができます。つまり、**途中の株価の上下は気にせずに保有し続けることができる**ので、エントリー後、強いトレンドが発生して株価がトレンド方向に動き続ければ、利益を大きく伸ばすことができます。

パラボリックの欠点は、レンジ相場において転換サインが頻繁に発生するため、タイミングが取りづらくなることです。

用語解説
SAR

ストップとは決済すること。リバースは売買ポジションを転換すること。保有しているポジションを精算して反対のポジションを取る価格を指す。

ローソク足がパラボリックの
下で動いている ➡ **(!) 売りサイン**

【日経平均　日足】

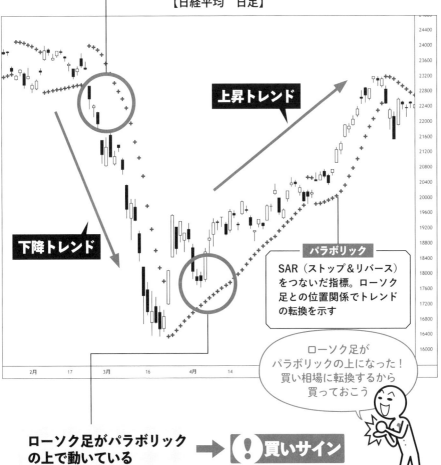

上昇トレンド

下降トレンド

パラボリック

SAR（ストップ＆リバース）
をつないだ指標。ローソク
足との位置関係でトレンド
の転換を示す

ローソク足が
パラボリックの上になった！
買い相場に転換するから
買っておこう

ローソク足がパラボリック ➡ **(!) 買いサイン**
の上で動いている

プロのアドバイス

**ローソク足がパラボリックに対してどの位置にあるかに注
目し、トレンドが継続するか転換するかを分析しましょう**

かい離率を利用した エンベロープ

移動平均線かい離率を帯状に表示したテクニカル指標が「エンベロープ」です。株価が移動平均線から離れた後の反動を利用して値動きを予測します。

「売られすぎ」「買われすぎ」を分析する指標

エンベロープは「移動平均線かい離率バンド」の呼称のことです。

10％、20％といったかい離率をあらかじめ設定し、その数値に応じて中心線の上下に複数表示された帯がエンベロープです。

166ページの「移動平均線かい離率」でも解説しましたが、株価は大きく買われ（売られ）すぎると、いずれ移動平均線に戻していきます。この習性を利用して、順張りや逆張りを行う際のエントリーポイントの分析に活用することができます。

考え方としてはボリンジャーバンドと似ていて、**逆張りの際はバンドの上限（下限）に株価がタッチして反転したら売り（買い）**です。どちらも、かい離率が20％といった一定の数値に達したことで、買われすぎ（売られすぎ）と判断して反転の動きが強まりやすくなるため、その動きを利用した売買戦略です。

バンドの上限を勢いよく抜けるなら順張り戦略も検討

順張りの場合は、中心線（移動平均線）を上抜けたら新規の買いを行い、バンドの上限を超えたところで追加の買いを行います。特に新規エントリー時、バンドが平行に近い状態から、上向きになるようなら、上昇トレンドの発生と判断できます。

☑Check! 　形が似ているボリンジャーバンドが値動きの勢いによってバンドの幅が変化するのに対し、エンベロープは常に同じ幅を描いている。

パターン64 逆張りの「エンベロープ」

バンドの上限に株価が触れた ➡ 【！】売りサイン

【楽天（4755） 日足】

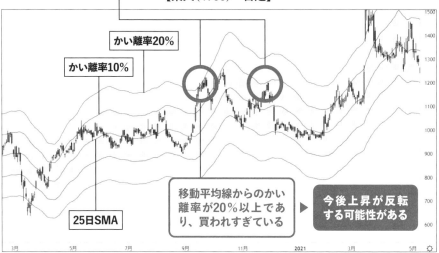

かい離率20%

かい離率10%

25日SMA

移動平均線からのかい離率が20%以上であり、買われすぎている ➡ 今後上昇が反転する可能性がある

パターン65 順張りの「エンベロープ」

【スノーピーク（7816） 日足】

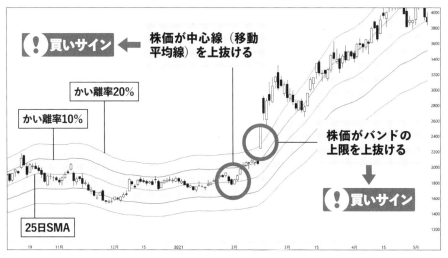

【！】買いサイン ⬅ 株価が中心線（移動平均線）を上抜ける

かい離率20%

かい離率10%

25日SMA

株価がバンドの上限を上抜ける ⬇ 【！】買いサイン

市場参加者の心理を表す
サイコロジカル・ライン

サイコロジカル・ラインは市場参加者の心理を可視化したテクニカル指標です。
買われ(売られ)すぎなどの心理を数値で示し、逆張りに活用されます。

上昇率75%以上・25%以下の水準に注目

サイコロジカル・ラインは英語では「Psychological Line」と表記し、
文字通り**市場参加者の「心理」を1本の線としてチャートに描画するテクニカル指標です**。

しくみとしては、一定の期間のなかで上昇した日が何日あるのか（上昇率）を求め、上昇率が75%以上になると割高（買われすぎ）、25%以下になると割安（売られすぎ）と考えます。

設定期間としては12日が一般的で、例えば上昇率75%となった場合、12日間で上昇している日数が9日、下降したのが3日となるため、市場参加者の心理としては「さすがに買われすぎだろう」と考えると予想されます。

逆に上昇率が25%を切ると「売られすぎ」が意識されます。

どちらかといえば全体相場を分析する際に有効

買われすぎや売られすぎが意識されると、相場の天井や底が形成されやすくなるので、**サイコロジカル・ラインは逆張りの指標として活用できます**。なお、「心理を反映する」という意味では、個別株よりもより参加者が多い日経平均などの指標のほうが買われすぎ・売られすぎが意識されやすくなるため、全体相場などの分析を行う際に活用するとよいでしょう。

身につける！ 買われすぎの意識が広まると、利益確定のほかにも、反発まで新規の買いを控える、空売りを行うなどの行為が多くなる。

【日経平均 週足】

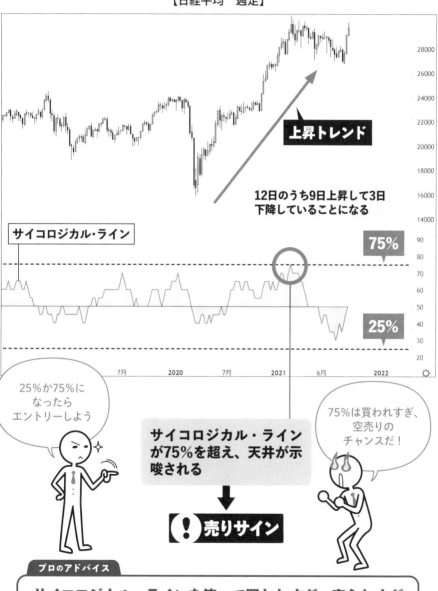

上昇トレンド

12日のうち9日上昇して3日下降していることになる

サイコロジカル・ライン

75%

25%

第**6**章 テクニカル指標

25%か75%になったらエントリーしよう

サイコロジカル・ラインが75%を超え、天井が示唆される

75%は買われすぎ、空売りのチャンスだ！

(!) 売りサイン

プロのアドバイス

サイコロジカル・ラインを使って買われすぎ・売られすぎの傾向を掴み、市場参加者の今後の動向を予測しましょう

RSI①
相場の過熱感を見る

相対的に株価の「買われすぎ」「売られすぎ」を判断できるオシレーター系の
チャートです。大まかな数値で判断でき、特にレンジ相場で機能します。

70%で「買われすぎ」、30%で「売られすぎ」

RSIは「Relative Strength Index（相対力指数）」の頭文字を取ったもの
で、現在の株価が「買われすぎているのか」「売られすぎているのか」を
分析するオシレーター系の代表的なテクニカル指標です。

0〜100%の数値で表示され、**70〜80%まで上昇すると「買われすぎ」、
20〜30%まで下降すると「売られすぎ」と判断されます。**

この視点を踏まえ、RSIは一般的には逆張り戦略のエントリーポイント
を見つけるテクニカル指標と考えられています。具体的には上昇局面では
RSIが一度70を超え、70以下に戻したタイミングで売ります。下降局面で
はその逆です。

RSIはレンジ相場で機能しやすい

ただし、ここで「売られすぎ」「買われすぎ」と判断できる過熱感は相
対的なものです。相場では買われすぎと判断される状況でも、そこからさ
らに買われていくことはよくあるので、あくまで一指標と考えておいたほ
うがよいでしょう。特に上下にトレンドが発生している状況下ではRSIが
機能しづらくなります。RSIはレンジ相場で有効な指標といえます。

そのため**RSIを逆張りする場合、あらかじめ使う場面をレンジ相場に限
定することでダマシを回避しやすくなります。**

身につける！　RSIの計算は「期間中の値上がり幅の平均÷（値上がり幅の平均＋値下が
り幅の平均）」で算出する。14日間の値幅がよく使われる。

パターン**67**　相場の過熱感を示す「RSI」

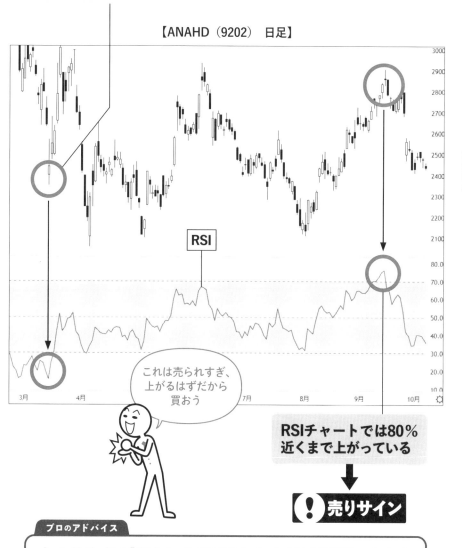

RSIチャートでは20%
近くまで落ちている　➡️ **(!) 買いサイン**

【ANAHD（9202）　日足】

RSI

これは売られすぎ、
上がるはずだから
買おう

RSIチャートでは80%
近くまで上がっている

⬇️

(!) 売りサイン

プロのアドバイス

わかりやすく「売られすぎ」「買われすぎ」が判断できます
が、レンジ相場以外ではダマシが多い点に注意です

第**6**章 テクニカル指標

RSI②
ダイバージェンス

RSIの数値だけでなく、RSIとローソク足が逆行するダイバージェンスまで確認しておくと、相場のトレンド転換にいち早く気づくことができます。

株価とRSIの「逆行」はトレンド転換のサイン

　一般的に過熱感を見る指標として知られるRSIですが、ダイバージェンスに注目することでトレンド転換の見極めに活用することができます。

　ダイバージェンスとは「逆行現象」のことで、ローソク足とRSIが反対の動きをする際に「RSIがダイバージェンスしている」というような使い方をされます。例えば、右図のような上昇局面でのダイバージェンスは、ローソク足の高値切り上げが起こるなか、RSIは高値を切り下げるような動きのことを指します。

　そもそも、RSIは相場における相対的な過熱感をグラフ化したものなので、RSIの値が高いほど株価も「買われすぎている」状態を指します。

市場参加者が相場の天井や底を意識しやすくなる

　しかし、ローソク足の高値切り上げが起こる場面では、表面上、相場はより過熱しているように見えますが、**RSI側で高値切り下げ（ダイバージェンス）が発生した場合、トレンドの勢いが衰えていることを意味する**ため、ここからさらに高値を更新するにはより強い上昇の力が必要になります。

　そのため、市場参加者が上昇相場の天井を意識してトレンドの反転が起こりやすくなるのです。

☑Check!　**100%トレンド転換につながるわけではないが、チェックしておくことで相場心理の変化にいち早く気づくことができるようになる。**

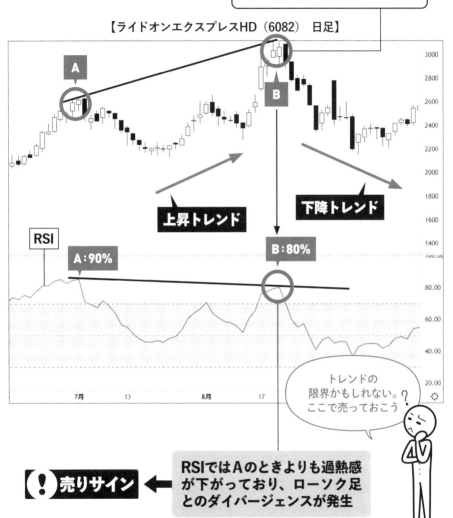

パターン68 「RSI」のダイバージェンス

ローソク足では高値Aよりも高値Bの
ほうが高くなっている

【ライドオンエクスプレスHD（6082） 日足】

上昇トレンド

下降トレンド

RSI

A：90%

B：80%

トレンドの
限界かもしれない。
ここで売っておこう

(!) 売りサイン ← **RSIではAのときよりも過熱感
が下がっており、ローソク足
とのダイバージェンスが発生**

プロのアドバイス

**本来はオシレーター系のRSIですが、ダイバージェンスに
よってトレンド転換の見極めにも使えます**

ストキャスティクス①
相場の過熱感を見る

ストキャスティクスはRSI同様、逆張り戦略で使いやすいテクニカル指標のひとつです。「買われすぎ」で売り、「売られすぎ」で買いと判断できます。

2本の線で「売られすぎ」「買われすぎ」を判断

ストキャスティクス（stochastics）はRSIと同じように株価の「売られすぎ」「買われすぎ」を判断するテクニカル指標のひとつです。

大まかなしくみとしては、一定期間（一般的には14）のレンジのなかで、直近の終値が相対的にどの位置にあるのかをグラフで示したものです。

基本的には逆張り戦略で活用しやすいテクニカル指標で、**80～100%までのゾーンにストキャスティクスが上昇すると「買われすぎ」、0～20%までのゾーンに下降すると「売られすぎ」と判断します。**

ストキャスティクスは「％K」と「％D」、2本の線でひとつのテクニカル指標です（右図参照）。計算上、％Kのほうが先に変動に対して反応するので、2本の線のクロスにも注目しておきましょう。

スローストキャスティクスのほうがダマシが少ない

また、ストキャスティクスには比較的値動きに対して敏感に反応する「ファスト」と、滑らかな動きをする「スロー」の2種類があります。

それぞれを比較してわかるように、**ファストストキャスティクスは値動きに対して敏感に反応するため、急激な動き方になりがちなのでダマシが頻発するという欠点があります。**一般的にはスローストキャスティクスを使って分析することが多いです。

実践！ ▶ 2本のラインを使い、80%以上で％Kが％Dを下抜けると強い売りサイン、20%以下で％Kが％Dを上抜けると強い買いサインになる。

ストキャスティクスの2本のラインが
80%超え、「買われすぎ」が示唆される ➡ **(!)売りサイン**

【東芝（6502） 1時間足】

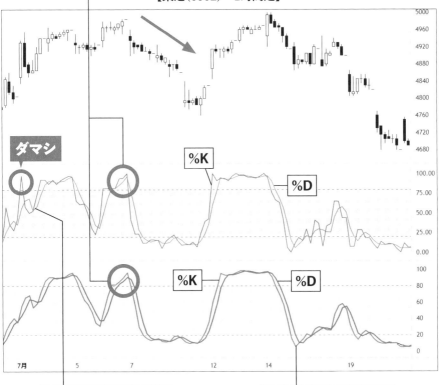

第6章 テクニカル指標

ファストストキャスティクス
一定期間の値幅における現在の株価の水準を示した「％K」と、その移動平均線である「％D」の2本のラインで過熱感を示す

スローストキャスティクス
「％D」と％Dの移動平均線である「スロー％D」の2本のラインで過熱感を示す。ダマシが少ない

プロのアドバイス

**ファストのほうが値動きに敏感ですが、ダマシが多いので、
スローストキャスティクスを使うのが一般的です**

ストキャスティクス②
ダイバージェンス

ストキャスティクスでもRSIと同様にダイバージェンスが起こります。トレンド相場では株価とスローストキャスティクスの逆行に注目しましょう。

ダイバージェンスはトレンド中の過熱感の弱まりを表す

ストキャスティクスでもダイバージェンスを使ったトレンド転換の分析を行うことができます。

基本的な考え方はRSI②（196ページ参照）と同様です。**株価の高値切り上げ（安値切り下げ）が発生しているタイミングで、ストキャスティクスが切り下げ（切り上げ）るとダイバージェンスと判断します。**

右図では2020年3月以降に、下降トレンドが加速しているように見えますが、ストキャスティクスは切り上げており、ダイバージェンスが確認できます。その後、綺麗に上昇トレンドに転換していることから、3月中旬の下げの時点ですでに売りの勢いが弱まっていたと判断できます。

使う目的によって適した時間軸や状況は異なる

逆張り戦略では、ストキャスティクスを1時間足や分足など比較的短い時間軸で使うことが多いですが、**ダイバージェンスを軸にトレンドの転換を分析する場合は日足など長めの時間軸で表示しておくとよいでしょう。**

加えて、ストキャスティクスは逆張り戦略の売買サイン・ダイバージェンスの分析どちらも行うことができますが、前者はレンジでの株価の上下を、後者は長期的なトレンドをそれぞれ分析するため、区別して使い分けたほうがよいでしょう。

実践！ スローストキャスティクスの場合、「％D」が「スロー％D」とクロスするタイミングがエントリーの目安になる。

ストキャスティクスでダイバージェンス
が発生し、「％D」が「スロー％D」を
上抜けた ➡ **(!)買いサイン**

【ニトリHD（9843）　日足】

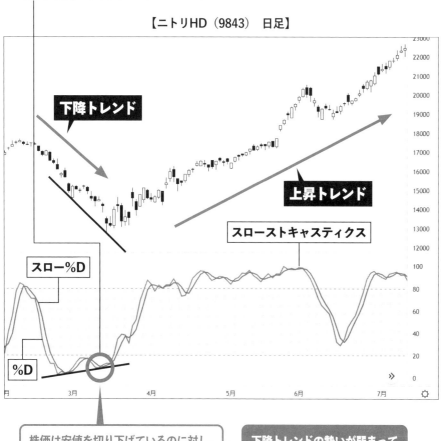

下降トレンド

上昇トレンド

スローストキャスティクス

スロー％D

％D

第**6**章　テクニカル指標

株価は安値を切り下げているのに対し、
ストキャスティクスは切り上げている ▶ 下降トレンドの勢いが弱まって
いることを示す

プロのアドバイス

**ストキャスティクスでダイバージェンスが発生したら、ト
レンドの転換を狙ってエントリーしましょう**

RCI①
過熱感とトレンドを分析

RSIよりも「滑らか」な動きをするRCIは、相場の過熱感とトレンドの有無、どちらの分析にも使えるテクニカル指標です。

トレンド系の特性も併せもつ

RCIは「Rank Correlation Index（順位相関指数）」の略称で、一定期間のなかで時間と株価に順位を付け、両者の相関関係をグラフにしたテクニカル指標です。下限が−100％、上限が100％となり、**数値が下限に近づくほど「安値圏」、上限に近づくほど「高値圏」と判断します。**

こうした特徴があるため、RCIはオシレーター系指標として「売られすぎ」「買われすぎ」を判断するツールと考えられがちです。しかし、RSI、ストキャスティクスなど、ほかのオシレーター系指標と比べると滑らかな線になるため、トレンドの分析にも使うことができます。

「張り付き」から戻す動きでトレンドの初動を分析する

基本的な活用例を見ていきましょう。右図では期間9のRCIを表示しています。特徴的なのが、8月中旬から株価が下げたためRCIも−80％を下抜けていますが、そこから9月まで横ばいが続き、株価の上昇に伴う形で−80％を上抜けました。これが先程「滑らか」と説明したRCIの動きです。RSIなどでは株価が「売られすぎ・買われすぎ」の状況から、すぐに戻すような動きにしか対応できませんが、**RCIであればしっかりと反転するまで売買のサインが出ないため、逆張りだけでなく、トレンドの初動を狙ったエントリーまで対応可能**なのです。

用語解説

張り付き ── 一般的にストップ高、またはストップ安の状態から株価が動かなくなること。また、指標が上下や下限付近から動かなくなることを指す。

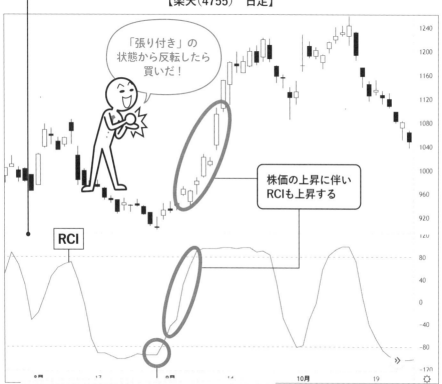

RCIの計算式

$$RCI = \left(1 - \frac{6S^{※1}}{n^{※2}(n^2-1)}\right) \times 100\%$$

※1 「期間の順位（近い順）」と「その期間の価格の順位」の差の2乗の合計
※2 期間のパラメーター

【楽天（4755） 日足】

「張り付き」の
状態から反転したら
買いだ！

株価の上昇に伴い
RCIも上昇する

RCI

RCIが−80％以下で横ばいに推移した
後、−80％を上抜ける　　➡  買いサイン

プロのアドバイス

RCIの「張り付き」の状態が続くときは、その後の反転でトレンドの初動を押さえるチャンスです

RCI②
複数線の表示

RCIを複数表示することで、より分析の幅が広がります。短期線と長期線を組み合わせて、クロスや押し目を狙った戦略を立てていきましょう。

±80％の戻しと合わせて精度を高める

　ここではRCIを複数本使った代表的な手法を解説していきます。

　ひとつ目は短期線と長期線のクロスを狙う方法です。これは例えば短期線9、長期線13など比較的近い数値を複数表示する場合に使いやすい手法で、考え方としては「**−80％付近でGC（短期線が長期線を上抜け）すれば買い**」「**＋80％付近でDC（短期線が長期線を下抜け）したら売り**」**が基本戦略**となります。

　ただし、このサインだけではRCIが±80％から戻し切っていない状態でのエントリーが多くなるため、より慎重にいく場合は、長期線と短期線が共に±80％を突き抜けた後にエントリーすると精度が高まります。

長期線のパラメーターを大きめに設定

　2つ目はトレンド中の押し目や戻り高値からの反発を狙う手法です。具体的には**長期線が±80％付近に張り付いていて、短期線だけが逆行してから反発するタイミングでエントリー**です。

　RCIはパラメーターを大きくするほど、トレンドが発生している状況下で±80％付近に張り付く時間が長くなります。この性質を利用して、長期線の張り付きは「トレンド発生」、短期線の戻りは「押し目、戻り高値」と判断することができるのです。

実践！　長期線が上限に張り付いている状況において、短期線が下げて反発するタイミングが押し目になる。

パターン72 「RCI」の短期線と長期線のクロス

【スノーピーク（7816） 日足】

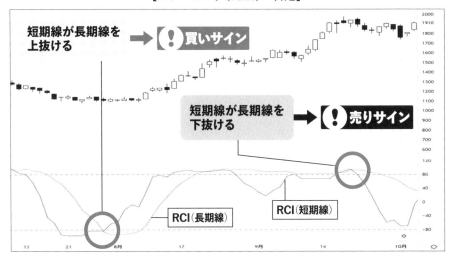

短期線が長期線を
上抜ける → 【!】買いサイン

短期線が長期線を
下抜ける → 【!】売りサイン

RCI（長期線）

RCI（短期線）

パターン73 「RCI」の短期線の逆行

【スノーピーク（7816） 日足】

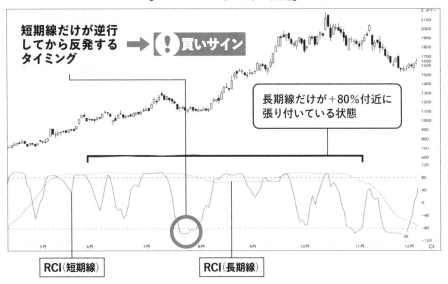

短期線だけが逆行
してから反発する
タイミング → 【!】買いサイン

長期線だけが＋80％付近に
張り付いている状態

RCI（短期線）

RCI（長期線）

トレンドを可視化する
DMI

DMIは3本の線で構成され、オシレーター系のテクニカル指標ですが、「トレンドの有無」「トレンドの強さ」を分析できます。

基本は「＋DI」と「－DI」のクロスに注目する

DMIは「Directional Movement Index（方向性指数）」の略称で、前述のRSIの開発者J・W・ワイルダーが考案したテクニカル指標です。主にトレンドの強さや、トレンドが発生しているかどうかを分析するためのツールとして使われます。

DMIは通常、右の図のように「ADX」「－DI」「＋DI」の3本のグラフを使って売買判断を行っていきます。活用例を見ていきましょう。

まず注目すべきは－DIと＋DIのクロスです。**買いは「＋DIが－DIを上抜けたポイント」、売りは「－DIが＋DIを上抜けたポイント」**です。

そもそも、＋DIと－DIはそれぞれ「上昇トレンドが発生している可能性」「下降トレンドが発生している可能性」を示すので、例えば図のように下側で推移していた＋DIと上側で推移していた－DIがクロスすることで、上昇トレンドが発生していると分析することができます。

クロスにADXの上昇が伴えばより確度が上がる

また、**ADXはトレンドの強さを表す線で、上方向に動くほどトレンドが強いと判断されます。**そのため、図でも＋DIと－DIがクロスした後にADXも上昇していることから、買いに適したポイントであることを示しているのです。

用語解説

J・W・ワイルダー　　　1935年生まれ。アメリカのテクニカルトレーダーで、市場調査会社を設立し、RSIやDMI、パラボリックなど多くのテクニカル指標を開発した。

パターン74 上昇トレンドを示す「DMI」

上昇トレンドの可能性を示す
+DIが下降トレンドの可能性 ➡ **買いサイン**
を示す−DIを上抜ける

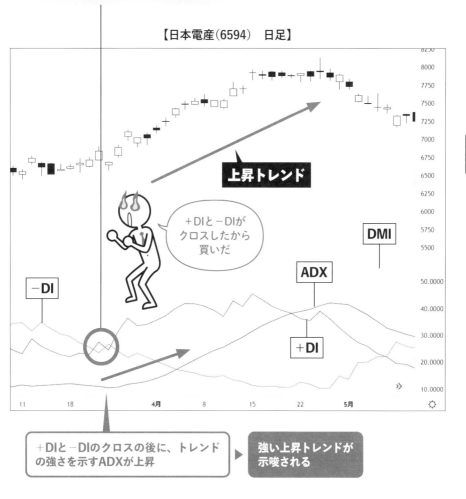

【日本電産（6594）　日足】

上昇トレンド

+DIと−DIが
クロスしたから
買いだ

DMI

ADX

−DI

+DI

+DIと−DIのクロスの後に、トレンド
の強さを示すADXが上昇 ▶ 強い上昇トレンドが
示唆される

プロのアドバイス

**＋DIと−DIのクロスとADXの方向性が重なれば、強いトレ
ンドが示唆されるので、どちらにも注目しておきましょう**

MACD①
基本の構造

MACDは移動平均線をアレンジしたテクニカル指標で、「MACD線」「シグナル線」「ヒストグラム」、この3つの要素を使ってトレンド・過熱感を分析できます。

MACDは移動平均線をベースに考案された

MACDは「Moving Average Convergence/Divergence Trading Method（移動平均　収束／拡散トレード法）」の略称で、移動平均線をアレンジしてできたテクニカル指標のひとつです。

MACDは「MACD線」「シグナル線」「ヒストグラム」、この3つの要素を使ってトレンドの有無や、相場の過熱感を分析することができます。

MACD線は2本のEMAの動きとリンクしている

3要素のうち最も重要なのがMACD線で、この線は「短期EMA－長期EMA」で計算されます。つまり、短期と長期、2本のEMAの間にどれくらいの間隔があるのかをグラフにしたのがMACD線です。

そのため、**上昇トレンド発生中に2本のEMAの間隔が大きくなればMACDも上昇し、反対に下降トレンド発生中に2本の間隔が大きくなればMACDは下降します**。日足の場合、短期EMAは12、長期EMAは26のパラメーターを使うのが一般的です。

シグナル線はMACD線の値のEMAです。そのため、シグナル線はMACD線よりも動きが滑らかになります。

ヒストグラムはMACD線とシグナル線の間隔をグラフにしたもので、2本の間隔が上に開けば上昇し、下に開けば下降します。

身につける！　日足のシグナル線のパラメーターは9が一般的だが、6なども使われ、また、MACD線のパラメーターも8、17などでも使われる。

MACD

「MACD線」「シグナル線」「ヒストグラム」で構成されるオシレーター系の指標

▶ トレンドの有無や、「買われすぎ」「売られすぎ」を分析できる

【ファナック（6954）　日足】

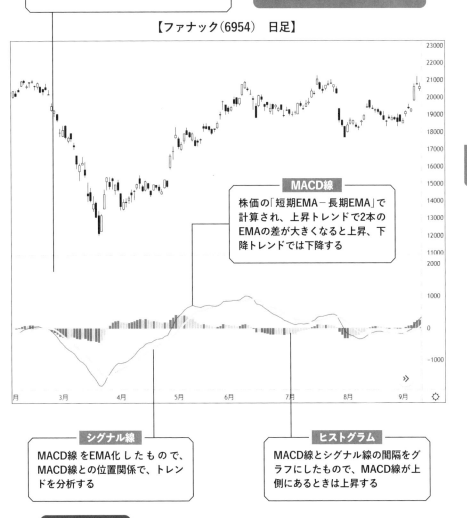

MACD線

株価の「短期EMA－長期EMA」で計算され、上昇トレンドで2本のEMAの差が大きくなると上昇、下降トレンドでは下降する

シグナル線

MACD線をEMA化したもので、MACD線との位置関係で、トレンドを分析する

ヒストグラム

MACD線とシグナル線の間隔をグラフにしたもので、MACD線が上側にあるときは上昇する

プロのアドバイス

MACDはトレンドが発生するときに有効です。レンジ相場のときにはダマシが多くなるので注意しましょう

MACD②
0ライン抜け

短期EMAと長期EMAの間隔を示したMACD線が0ラインを抜けるとトレンドの転換サインとなります。上抜けで上昇トレンド、下抜けで下降トレンドです。

MACD線が0ラインより上＝上昇トレンド

前述したように、MACD線は「短期EMA−長期EMA（＝2本の線の間隔）」をグラフ化したものです。

右の図では2本のEMA（短期12、長期26）とMACDを表示しています。この2本のEMAはMACD線で計算される値と同じものなので、短期EMAが長期EMAを離れるとMACD線は上下に動き、2本がクロスした場面ではMACD線が0ライン付近で動いていることがわかります。

このことから、**MACD線が0ラインよりも上で、かつ上向きに角度がある状態は「短期EMAが長期EMAよりも上にあり、上昇トレンドが発生している」**と考えることができます。

反対にMACD線が0ラインよりも下で、下向きに角度がある状態は下降トレンドが発生していると判断します。

短期EMAと長期EMAのゴールデンクロス

これを応用して、例えば右の図の4月以降の動きのように、下側にあったMACD線が0ラインを上抜けするということは、**短期EMAと長期EMAのゴールデンクロスが発生していることを示し、下降から上昇へのトレンド転換と考えることができます。**反対にMACD線の0ライン下抜けは下降トレンドへの転換サインとなります。

実践！　0ラインに対してMACD線が上にあるか下にあるかでトレンドを判断するのが、MACD線の基本の考え方になる。

短期EMAが長期EMAを上抜け、上昇トレンドへの転換を示す ▶ この動きを1本の線で表したのがMACD線

【ファナック（6954） 日足】

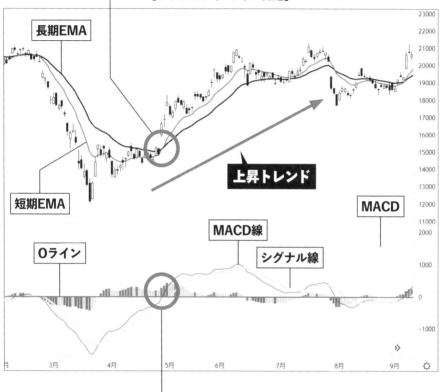

第**6**章 テクニカル指標

MACD線が0ラインを上抜け、0ラインの上側を上向きの角度で推移 ➡  買いサイン

プロのアドバイス

安値圏で0ラインの下側にあるMACD線が0ラインに近づいてきたら、トレンド転換に注目しましょう

MACD③
2本のラインのクロス

MACDの2本の線を使い、下降トレンドでMACD線がシグナル線を上抜けたら相場の底打ち、上昇トレンドで下抜けたら天井入りと判断できます。

MACD線が先に動き、シグナル線は後追いする

MACD線とシグナル線、2本のグラフを合わせて見ることで、トレンド転換の兆候をいち早く分析することができます。

前述したように、シグナル線はMACD線の値をEMAの計算式に当てはめたものです。そのため、**株価に変動があった場合のMACDは、どのようなケースにおいてもMACD線が先行して動き、シグナル線が後追いする形になります。**

例えば右の図では、下降トレンドから上昇トレンドへの転換が起こっていますが、まず3月の安値圏に注目してください。それまで大きく間隔があった短期EMAと長期EMAが徐々に収束し始め、その影響でMACD線が反転してシグナル線を上抜けています。

クロスは0ラインとの位置関係に注目する

つまり、**0ラインより下でMACD線がシグナル線を上抜けた場合、下降トレンドの底からトレンド転換の前兆を示唆しているのです。**

この考え方を使って、下降トレンドから上昇トレンドへ転換する場面では、まずMACD線とシグナル線のクロスで試し買いを行い、さらにMACD線が0ラインを上抜けるようならポジションの積み増しを行うという戦略に活用することができます。

身につける！　MACD線とシグナル線の位置関係を表したものがヒストグラムなので、ヒストグラムの反転もクロスと同様のサインを表す。

大きく間隔があった短期EMAと
長期EMAが徐々に収束し始める ▶ 下降トレンドの勢いが
弱くなっている

【ファナック（6594）　日足】

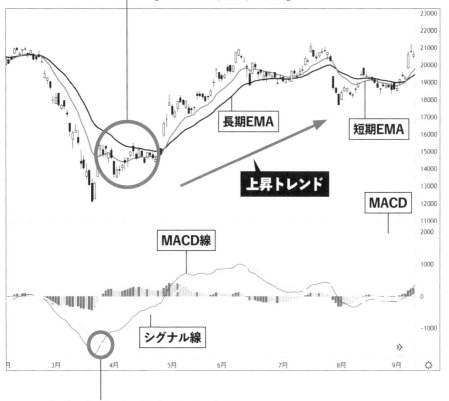

長期EMA

短期EMA

上昇トレンド

MACD

MACD線

シグナル線

下降していたMACD線が反転して
シグナル線を上抜ける ➡ **(！)買いサイン**

第**6**章　テクニカル指標

プロのアドバイス

**MACD線とシグナル線のクロスで試し買いを行い、MACD
線の0ラインを上抜けたら買い増しを行う戦略が取れます**

時間の概念を排除した
ポイント&フィギュア

ポイント&フィギュアは時間の概念を排除した特殊なチャートです。ローソク足の代わりに表示し、相場の大きな変化のみを示します。

株価が上昇すれば×、下降すれば○を記入

　ポイント&フィギュア（Point and figure、以下P&F）は、ローソク足をはじめとする株価の表示方法のなかでも特殊なチャートのひとつです。

　P&Fでは、あらかじめ設定しておいた一定の値幅を超える動きが上方向にあれば×、下方向は○で表記されます。また、トレンドが発生して一方向の動きが続いた場合、前回の×や○の上下に重なる形で表記し、反転した場合は次の列に移ります。

　最も大きな特徴は「時間の概念がない」という点で、**株価が横ばいで動き、一定の幅を超えない限りは次の×や○が表記されないため、単純に「株価が動いた分しかP&Fも動かない」**ということです。

「ノイズ」を無視し値動きの方向性だけに集中できる

　これは考え方によってはトレンドの分析に非常に役立ちます。

　というのも、株価が横ばいの状態がチャートに反映されないということは、**ノイズ（トレンドと関係のないわずかな変動）を無視して、株価の動きをチェックできるため、トレンドを把握しやすくなるのです。**

　P&Fを使う場合でも、ローソク足と似たような形で「支持線・抵抗線」「トライアングル」「ブレイクアウト」などの売買サインが併用できます。相場の大局的な動きを分析してみたい場合はぜひ活用してみましょう。

用語解説

ポイント&フィギュア　　考案者は不明だが、18～19世紀ごろからアメリカで使われていたとされる。20世紀以降も書籍化などにより改良を重ねられて、今の形に至った。

【日経平均　日足】

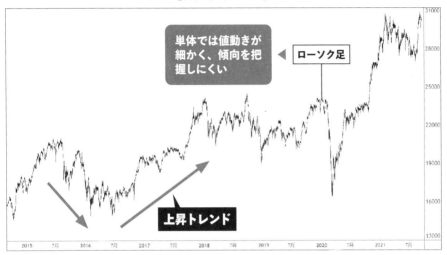

単体では値動きが
細かく、傾向を把
握しにくい

ローソク足

上昇トレンド

【日経平均　日足】

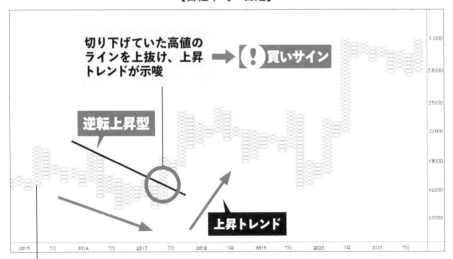

切り下げていた高値の
ラインを上抜け、上昇
トレンドが示唆　➡　【！】買いサイン

逆転上昇型

上昇トレンド

ポイント＆フィギュア

一定の値幅上昇したら×、下降したら○を記入
する。同じ値動きが3回以上続かない場合は記
入せず、値動きが反転したら次の列に記入する

▶　株価が横ばいの状態は
反映されないため、トレ
ンドを把握しやすい

時間の概念を排除した
新値足

新値足は高値や安値を更新したときのみ書き加えていく特殊チャートのひとつで、転換時に過去3本分の陽線・陰線を超える必要があるのが特徴です。

高値や安値を更新しない場合は書き加えない

　新値足は形状こそローソク足に似ていますが、しくみは前述のポイント＆フィギュアに近く、こちらも時間の概念を抜いたチャートの表示方法です。書き方について、新値足は文字通り「高値もしくは安値を更新した場合」のみ、チャートに次の足が表示できます。つまり、**終値で安値を更新した場合は陰線を、高値を更新した場合には陽線を、変動した幅で書き加えるということです。**

　逆に考えると、新値足は高値や安値を更新しない限りは、チャートが追加されないということです。

転換時のルールは「新値3本足」

　ただ、新値足で特徴的なのが転換時で、**陰線から陽線（もしくは陽線から陰線）へ転換する際に、一般的には過去3本分の陽線・陰線を超えたときにはじめて記入できるというルールがあります。**これを「新値3本足」といい、場合によっては「新値5本足」「新値10本足」などに変化する場合があります。

　ただ、このルールさえ理解しておけば、新値足の分析方法は非常にシンプルです。陰線から陽線に転換した場合は「買い」、陽線から陰線に転換した場合は「売り」です。

身につける！　ポイント＆フィギュアと同様に時間の概念が反映されず、ノイズを無視してトレンドのみに集中して分析することができる。

【日経平均　日足】

ローソク足 ▶ 時間経過でチャートが書き足されるため、値動きが細かくなる

【日経平均　日足】

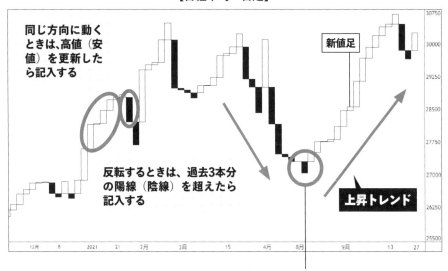

同じ方向に動くときは、高値（安値）を更新したら記入する

反転するときは、過去3本分の陽線（陰線）を超えたら記入する

新値足

上昇トレンド

陰線が連続した後、陽線が現れ上昇トレンドが示唆される

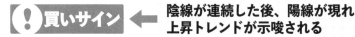

買いサイン ◀

特殊な4本値を使う
平均足

平均足はローソク足の4本値をアレンジしてつくられた特殊なチャートです。トレンド発生時に陽線や陰線が連続して出現しやすくなります。

トレンド時に平均足は陽線や陰線が連続しやすい

平均足は特殊なチャートの表記方法のひとつで、形状としてはローソク足と同じく4本値で描画されますが、採用する値に違いがあります。

通常ローソク足では「始値、終値、高値、安値」の値を使いますが、**平均足の場合は始値に「前の足の始値と終値の平均値」を使用し、終値には「4本値の平均値」を使います。**

こうしたしくみがあるため、通常のローソク足と比較して、平均足を表示したチャートでは、トレンドが発生している場面で陽線や陰線が連続して出現しやすくなるため、相場の方向性をより明確に捉えやすくなるというメリットがあります。

「ヒゲ」の扱いがローソク足とは異なる

ただし、平均足はローソク足と読み方が異なる部分もあるので、その点は注意しておきましょう。例えば平均足・ローソク足ともに株価の変動に応じて上ヒゲ・下ヒゲが付きますが、**平均足において長い上ヒゲは「高値更新で上昇力がある」、長い下ヒゲは「安値更新で下降力がある」と判断されます。**また、上昇局面では陽線であっても下ヒゲが出ると、上昇力の弱まりを示唆し、下降局面の陰線で上ヒゲが出ると下降力が弱まっていると判断されます。

実践！　新値足と同じく、基本的には平均足の陰線から陽線への転換が「買い」、陽線から陰線への転換は「売り」と判断できる。

ローソク足と比較して、陽線が
連続して出現している

平均足

4本値の始値に「前の足の始値と
終値の平均値」を使用し、終値に
は「4本値の平均値」を使ったもの

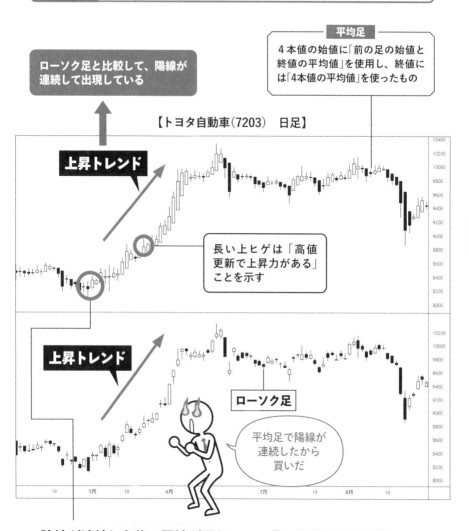

【トヨタ自動車（7203）　日足】

上昇トレンド

長い上ヒゲは「高値
更新で上昇力がある」
ことを示す

上昇トレンド

ローソク足

平均足で陽線が
連続したから
買いだ

陰線が連続した後、陽線が現れ
上昇トレンドが示唆される　　➡　　買いサイン

プロのアドバイス

**通常のローソク足より、トレンド発生時に陽線や陰線が続
くので、相場の方向性を捉えやすいチャートです**

フィボナッチ①
リトレースメント

フィボナッチ・リトレースメントはトレンドの値幅を使って、38.2％や61.8％などに線を引く手法です。これにより戻し幅を予想することができます。

フィボナッチ比率を応用した分析

　トレンドが発生すると、株価は一直線に動き続けるわけではなく、押し目や戻り高値など付けつつ、常に上下しながらトレンド方向に動きます。そうしたトレンド方向から戻す動きがあったとき、どの程度の幅で戻すか想定するために使われるのが「フィボナッチ・リトレースメント」です。

　フィボナッチとはイタリアの数学者、レオナルド・フィボナッチが研究した「フィボナッチ比率」のことで、「38.2％」や「61.8％」といった数値が重要視されます。リトレースメントとは「戻し」のことで、**トレンドの発生後、株価がどの程度戻すのか、その目安を38.2％や61.8％といった数値を使って想定します。**

支持線や抵抗線として売買の目安に活用できる

　右の図では2019年12月に付けた高値から、2020年３月の安値までの値幅に対して38.2％と61.8％に（補助的に50％にも）フィボナッチ・リトレースメントの線を引いたものです。**３月以降の反発の一時的な天井として61.8％が意識されていることがわかります。**

　これらの線がすべての事例で必ず意識されるわけではありませんが、多くの市場参加者が目安としています。そのため、大きな動きがあった際に引いておくと、支持線や抵抗線として活用できる可能性があります。

用語解説
フィボナッチ比率　　　　フィボナッチ数列において、ある数をひとつ上の数で割ると約0.618に、２つ上の数で割ると約0.382になる。この比率がフィボナッチ比率。

パターン80　フィボナッチ・リトレースメント

フィボナッチ・リトレースメント

フィボナッチ比率をもとした指標で、高値や安値を基準に38.2%と61.8%などの価格に線を引く手法

▶ トレンドの発生中に株価がどれくらい戻すのかの目安になる

【ライドオンエクスプレスHD（6082）　日足】

2019年12月
高値

61.8%

38.2%

2020年3月
安値

上昇トレンド

ここらへんで
一度下がりそうだから
売っておこうかな…

(!) 売りサイン ◀ 上昇トレンドの途中で61.8%の線に触れたことで一時的な天井として意識される

プロのアドバイス

トレンド発生中は、値幅の38.2%、61.8%の線をトレンド内の支持線や抵抗線として指標にしましょう

221

フィボナッチ②
エクスパンション

フィボナッチ・エクスパンションは、トレンドの伸び幅を予想する手法です。市場参加者がどこで売る(買う)かを把握し、今後の動きを掴みます。

任意の３点から「将来の上げ(下げ)幅」を分析

前述のフィボナッチ・リトレースメントでは、大きく株価が変動した後の、戻しの目安を設定するために用いました。一方、フィボナッチ比率で今後の株価の上昇幅や下降幅が、どの程度出るのかを予測する際には「フィボナッチ・エクスパンション(以下FE)」が適しています。

FEを使って分析を行う場合、例えば右の図のような上昇相場であれば、上昇後に一度押し目を付けて反発したタイミングで「前回安値Ａ」「直近高値Ｂ」「直近安値Ｃ」の３点を設定します。**FEはこの３点に対して「61.8%」「100%」「127.2%」「161.8%」になるポイントをチャート上に表示し、これらが将来的に意識されやすい上昇の幅と考えます。**

FEはあくまで「意識されやすいポイント」

右の図でも、まず61.8%で少し押し目を付け、その後127.2%付近で2度反落し、最終的に161.8%まで上昇したところで、トレンドが終了していることがわかります。

FE自体は前述の「キリ番」と同じように、あくまで参考値として「意識されやすいポイント」でしかありません。ただし、**トレンド方向に勢いが付いた際に「今後上昇や下降が止まりそうなポイント」をあらかじめ把握できる**のは非常にメリットがあります。

実践！ 上昇トレンドの序盤にエントリーした場合、売りが出るポイントを段階的に予測できるため、利確ポイントの目安として使うことができる。

フィボナッチ・エクスパンション

前回安値、直近高値、直近安値の3点を
基準に、フィボナッチ比率の61.8％や
127.2%、161.8%などに線を引く手法

▶ 上昇トレンドがどれだけ
伸びるかの目安になる

【ライドオンエクスプレスHD（6082） 日足】

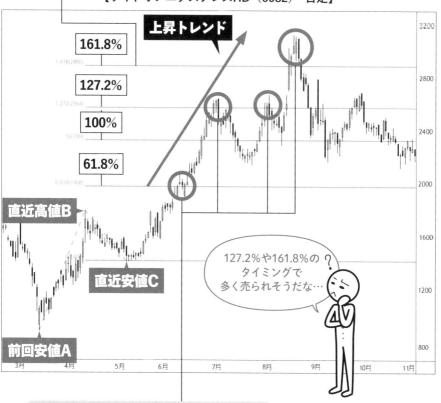

各ポイントで売りが意識され、反発や
トレンドの終了が発生している ➡  **売りサイン**

プロのアドバイス

**トレンドの動きの予想では、直近の高値と安値、前回の安
値からの数値でラインを引いて伸び幅を把握しましょう**

第**6**章 テクニカル指標

フィボナッチ③ ABCDパターン

ABCDパターンはフィボナッチをチャートパターンに応用して反転ポイントを探る手法です。トレンドに当てはめることで逆張りに使えます。

4点の位置が「N字」になるABCDパターン

ABCDパターンは、トレンドのなかで起きる一連の動きを「ABCD」の4点に当てはめ、Dをトレンドの終点として逆張りを行います。

ABCDパターンには3つの種類があり、最も基本的なのがABとCDの長さが同じになる「AB＝CD」です。さらにこの発展形として、フィボナッチ比率を応用した「クラシックABCD」「ABCDエクステンション」があります。

クラシックABCDでは、AB＝CDになることは変わりありませんが、下降局面の場合、**BCがABに対してフィボナッチ・リトレースメント（以下FR）で61.8％や78.6％まで戻し、CDがBCに対してFRで127.2％や161.8％まで伸びたポイントが買いサイン**となります。

BC・CDのフィボナッチは「おおよそ」でOK

ABCDエクステンションの場合、AB＝CDが崩れますが、**CDの下限をFEで127.2％もしくは161.8％に設定し、そこに達して反発したポイントが買いサイン**となります。また、売りの場合は先程の形状をそのまま反転させたものです。

クラシックABCDとABCDエクステンションにおけるフィボナッチ比率はあくまで理想値なので、ピッタリと重なる必要はありません。

☑Check!　**クラシックABCDとABCDエクステンションは、長めの時間軸で出現すると意識されやすいため、日足や週足で現れた場合は効果が出やすい。**

【ニトリHD（9843）　日足】

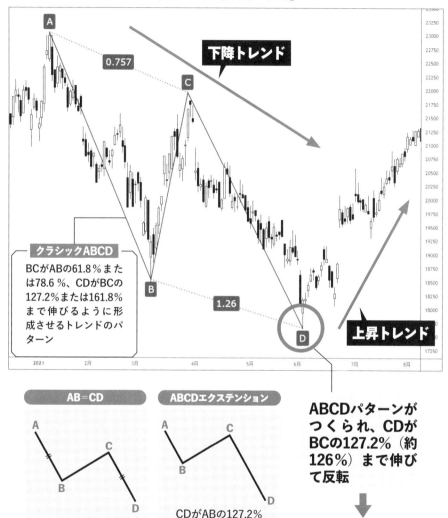

クラシックABCD

BCがABの61.8％または78.6％、CDがBCの127.2％または161.8%まで伸びるように形成させるトレンドのパターン

下降トレンド

0.757

上昇トレンド

1.26

ABCDパターンがつくられ、CDがBCの127.2%（約126％）まで伸びて反転

AB＝CD

ABとCDの長さが同じ

ABCDエクステンション

CDがABの127.2%または161.8%の長さ

買いサイン

プロのアドバイス

トレンド中にABCDパターンが現れたら、終点のDでトレンドが転換すると考えて逆張りを行いましょう

支持帯・抵抗帯になる価格帯別出来高

それぞれの価格帯のなかでどれだけの出来高があったかを知るためのツールです。支持帯・抵抗帯を把握すれば、分析の精度を上げることができます。

価格帯出来高を使って「支持帯・抵抗帯」を知る

「価格帯別出来高」は、文字通り100円単位、1000円単位といった、任意の株価の幅のなかで発生した出来高をグラフとして表示します。

　右図のなかで、チャートの右側に表示されているのが価格帯別出来高です。**価格帯別出来高は「過去に売買の多かった（少なかった）価格帯」を把握することができる指標です。そのため、支持線や抵抗線として考えることができます。**

出来高が薄いほど反対売買が発生しづらい

　実例を見ていきましょう。右の図では前半から中盤にかけてカップウィズハンドルを形成し、ハンドル部分の高値から窓を開けてブレイクし、大きく上昇しました。

　ここで価格帯別出来高を見ると、カップウィズハンドルまでの価格帯は出来高が厚く、ブレイク以降もみ合いになるまでの価格帯は、出来高が非常に薄くなっています。ここから下げ始めた展開を考えてみましょう。

　出来高が薄い価格帯は反対売買が出づらく、値動きが加速しやすいですが、出来高が厚い価格帯で一度下げ止まる可能性が高くなります。

　つまり、新規で買う場合は一度窓埋めを待って、その後の展開を確認していくという戦略を立てることができます。

☑Check!　　価格帯別出来高はあくまで支持帯・抵抗帯を把握するものなので、ほかの分析手法と組み合わせるものとして考えたほうがよい。

急騰後、出来高の薄い価格帯で
窓埋めがあり再び上昇　➡　**（！）買いサイン**

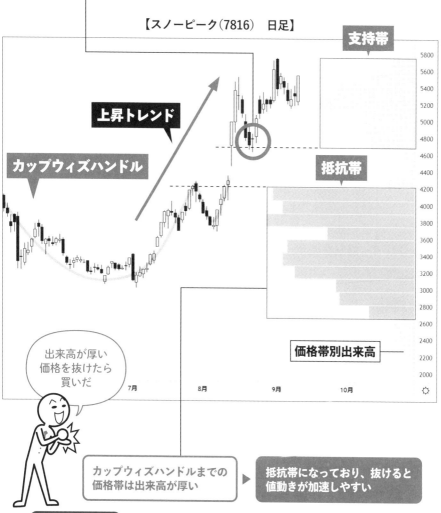

【スノーピーク（7816）　日足】

支持帯

上昇トレンド

カップウィズハンドル

抵抗帯

出来高が厚い
価格を抜けたら
買いだ

価格帯別出来高

7月　　8月　　9月　　10月

第6章　テクニカル指標

カップウィズハンドルまでの
価格は出来高が厚い　▶　抵抗帯になっており、抜けると
値動きが加速しやすい

プロのアドバイス

ほかの分析手法とともに価格帯別出来高を見れば、エント
リータイミングの精度が向上します

平均的な売買価格を示す
VWAP

VWAPは市場参加者が強気か弱気かを判断するものです。機関投資家が重視しているポイントでもあり、短期売買のときは特に重要な指標となります。

平均的な売買価格を線として表示したもの

VWAPは「Volume Weighted Average Price（出来高加重平均取引）」の略称で、取引所が開いて以降に成立した価格を、価格ごとの出来高で加重平均した価格のことです。これは「その銘柄における平均的な売買価格」を示していて、特にデイトレードなどの短期売買においては、チャート上の重要なポイントと考えられています。具体的な使い方としてはまず、**「市場参加者が強気なのか、弱気なのか」をVWAPとローソク足の位置関係で判断します。**

支持線・抵抗線として活用できる

ローソク足がVWAPよりも下にある場合、その日買った人全員の損益の合計はマイナスということで、短期的には弱気と判断します。反対に株価がVWAPよりも上にある場合は強気と考えます。

ここから、VWAPを軸に強気・弱気を判断できるということは、**移動平均線同様に「相場で意識されやすいライン」であり、支持線・抵抗線として見ることもできます。**

また、VWAPは証券会社や保険会社などの機関投資家が、買い注文を行う際の基準として利用しています。特に大型株などでは注目されやすいので、短期売買時の参考にしておくとよいでしょう。

用語解説	
大型株	時価総額と流動性が高い銘柄で、特に東京証券取引所の上位100銘柄のこと。取引が多い分値動きは緩やかになりやすい。

上昇トレンド中、ローソク足がVWAP
付近まで下がって反発した  **買いサイン**

【KDDI（9433）　5分足】

上昇トレンド

立会終了

立会開始

ローソク足のほう
が上にあれば市
場参加者は強気

まだまだ
上がるから
買いだ

VWAP

取引所が開いて以降に成立した価格を、価
格ごとの出来高で加重平均した価格であ
り、平均売買価格の推移を示す

▶ 移動平均線同様、支持線・
抵抗線として考えられる

プロのアドバイス

**VWAPは機関投資家が買い注文の基準に使うため、大型
株の短期売買では特に重要となります**

応用

複数のテクニカル指標の組み合わせ

　テクニカル指標は単体でも十分に機能しますが、複数組み合わせると、相場の変化により柔軟に対応できるようになります。

　下の図では3本の移動平均線を見ると、上から短期・中期・長期の順に並んでおり、ローソク足が一時的に下げていますが、仮にここから上方向に動けば、パーフェクトオーダー（160ページ参照）となります。

【ファナック（6954）　日足】

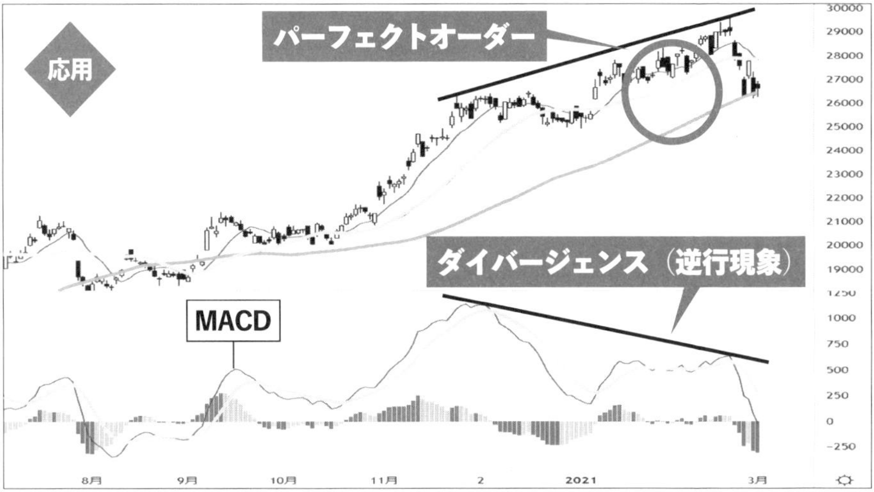

値動きをより多角的な視点から分析できる

　しかし、MACD（208ページ参照）を併せて見ると印象が変わります。

　ローソク足は高値を切り上げ続けていますが、MACDは高値を切り下げていて上昇の勢いの弱まりを示すダイバージェンス（逆行現象）が発生しているのです。そのため、次の展開を想定する際に重要となるのは、「下降トレンドの転換ポイントはどこになるか」を探すことです。

　このように複数のテクニカル指標を組み合わせると、値動きをより多角的な視点から分析する際に役立つのですが、一方で、複雑にしすぎると逆効果になるので、「多くて2つまで」を意識しておくとよいでしょう。

第**7**章

状況別チャートパターン

状況別に
チャートを見て
特徴を分析する

株価は株主優待や決算、市場変更などの要因でも大きく変化します。第7章では、そういったファンダメンタルズの面から特徴的な値動きを紹介します。

Keywords

●株主優待	●市場変更
●決算	●アノマリー
●増資	●同業種
●経済ショック	●低位株
●上場廃止	●イナゴタワー
●新規上場	

権利確定日前後の
チャート

株主優待や配当金がよい銘柄ほど、権利付き最終日までは上昇し翌日以降は下落する傾向にあるため、売買のタイミングとしても利用できます。

最終的な締切日は「権利付き最終日」

　ここからは、テクニカル的な要因ではなく、ファンダメンタルズの要因があった際に、特定の動きをしやすい事例を解説していきます。

　まずは「権利確定日前後のチャート」です。権利確定日というのは、その銘柄を買った投資家が、企業の株主名簿に登録される日のことです。例えば株主優待や配当金をもらいたいときには株主名簿への登録が必須なので、この日までに株を買っておく必要があるのです。

　ただ、実際には「権利確定日の2営業日前＝権利付き最終日」が買い付けの締め切りとなります。そのため、特に**株主優待で知名度のある銘柄は、権利付き最終日までに株価が上昇し、翌日（権利落ち日）に下降する傾向があります。**

優待狙いの場合は権利付き最終日付近の値動きに注意

　右の図は株主優待で有名な吉野家のチャートで、この会社は毎年2月末と8月末の年2回、権利確定日があります。四角で囲っているのが権利付き最終日のローソク足で、**ここまで上昇してきた株価が、翌日権利落ち日になった途端に売られています。**

　こうした値動きはほかの有名な優待銘柄でもよく見られるので、優待や配当狙いの場合は注意するようにしましょう。

用語解説	
株主優待	会社の製品や割引券など、株式会社が株主に与える優待の制度。株式を権利付き最終日から権利確定日の間に保有していた株主が対象。

株主優待があり、上昇傾向だった
銘柄が権利付き最終日（権利確定
日の2営業日前）になった　➡　（**!**）**売りサイン**

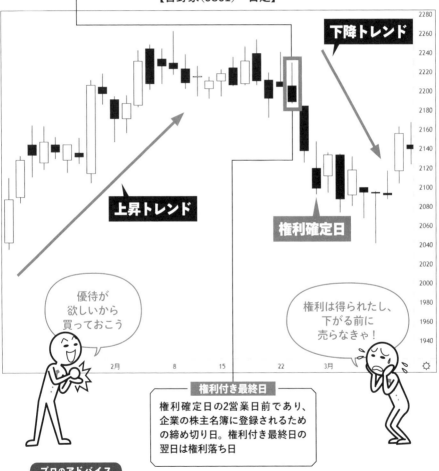

【吉野家（9861）　日足】

下降トレンド

上昇トレンド

権利確定日

優待が
欲しいから
買っておこう

権利は得られたし、
下がる前に
売らなきゃ！

2月　　8　　15　　22　　3月

権利付き最終日

権利確定日の2営業日前であり、
企業の株主名簿に登録されるため
の締め切り日。権利付き最終日の
翌日は権利落ち日

第**7**章
状況別チャートパターン

プロのアドバイス

**優待や配当が目的でなくとも、銘柄の権利確定日などはあ
らかじめ意識しておくとよいでしょう**

決算発表前後のチャート

決算は株価が大きく動くイベントですが、定石通りに動かない場合も多いです。決算をまたぐ場合は、総合的な判断が必要になります。

決算内容がよくても株価が下落することがある

　株式投資において「決算」は、その企業の1年、もしくは四半期の業績を確認する一大イベントで、当然、株価を動かす要因となります。

　一般的には**「よい決算であれば株価上昇」「悪い決算であれば株価下落」と考えられがちですが、実際にはそう素直に動かないことが多いです。**

　例えば右の図は、2021年8月12日に2022年度3月期第一四半期（4〜6月）の決算を発表した東芝（6502）の日足チャートですが、このときの決算では前年同期が113億円の赤字に対して、180億円の黒字となっています。前年同期よりは「よい決算発表」だったわけですが、実際には発表当日〜翌日まで大きく売られ、2日後から反転しています。

逆に決算内容が悪くても株価が上昇するケースもある

　これは、当期上半期の市場予想が純利益で450億円程度の黒字であったために、その半分もいかないということで一旦売られたのですが、その後、内容が見直され、見直し買いが入った形です。

　つまり、**実績を前年予想や会社予想とだけ比べるのではなく、市場予想と比較してどうだったかを考える必要があります。**逆に、悪い決算内容だったとしても、それまでに悪材料が出切っている場合には、「これ以上下がることはないだろう」と買われるケースもあります。

> **身につける！**　決算が黒字、業績予想も上向きなどがよい決算。悪い決算はその逆。ただし、株価への影響は株主の予想していた結果かどうかなどにもよる。

前年同期は113億円の赤字だったのに対し、今年は180億円の黒字と発表される

よい決算発表が出たが、株価は急落した

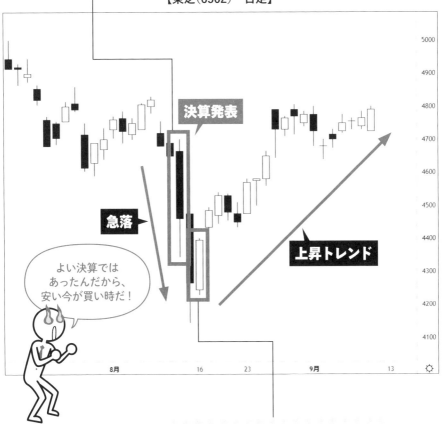

【東芝（6502） 日足】

決算発表

急落

上昇トレンド

よい決算では
あったんだから、
安い今が買い時だ！

買いサイン ← 発表当日〜翌日まで大きく売られ、発表2日後に大きな陽線が出て反転

プロのアドバイス

決算発表直後は素直な値動きをしないことが多いため、決算発表付近で売買する際には慎重さが必要です

増資発表前後のチャート

企業は資金調達の目的で株式を発行する「増資」を行うことがあります。増資を行うと株式の価値が下がるため、相場ではネガティブな動きが起こります。

基本的には「増資＝売り」

企業が設備投資の目的などで資金調達を行う場合に、株式を新しく発行し投資家に買ってもらう「増資」という手段を取ることがあります。

債券を発行したり、金融機関などから借り入れる資金調達と違って、増資は返却義務がありません。そのため、増資は企業側にメリットがある資金調達手段なのですが、投資家側からすると株価の下降要因となりやすいため、注意しておく必要があります。

というのも、**増資によって株式が新規発行されると、会社の価値そのものは変わらないのに、発行されている株式の数だけが増えることになります**。つまり、「1株あたりの価値が下がる」といい換えることができます。そのため、すでにその会社の株を保有している投資家にとってみれば、ネガティブな印象を受けるため、株価の下降要因となりやすいのです。

将来の成長を踏まえた増資は売り要因にはならない

もちろん、事業拡大で設備投資のために増資するような場合は、下げ要因にならない可能性もあるのですが、**財政基盤の立て直しなど成長を伴わない場合は、よりネガティブな要因として捉えられてしまいます**。

実際に2021年9月1日に公募増資を発表した西日本旅客鉄道（9021）は翌日の寄り付きで1000円以上売られています。

用語解説
公募投資　　　不特定多数の投資家に向けて新しい株式を発行・販売すること。単に資金を集めるほか、株主層の拡大や流通量の増加を狙って行われる。

企業が公募増資を発表し、1株あたりの価値が下がることに ➡ **(!)売りサイン**

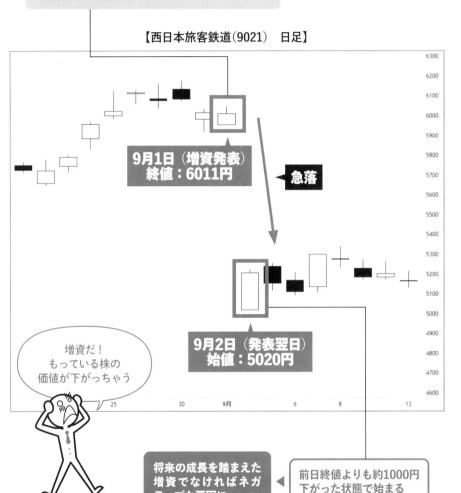

【西日本旅客鉄道（9021）　日足】

9月1日（増資発表）
終値：6011円

急落

9月2日（発表翌日）
始値：5020円

増資だ！
もっている株の
価値が下がっちゃう

将来の成長を踏まえた
増資でなければネガ
ティブな要因に…

前日終値よりも約1000円
下がった状態で始まる

プロのアドバイス

ネガティブな要因であれば「売り」が増えるので、まずは増資がどんな目的で行われるのかを確認しましょう

経済ショック前後のチャート

2020年3月の新型コロナによる株価暴落のような経済ショックは相場全体に大きな影響を与えます。世界の株価動向や下落の要因を考える必要があります。

コロナショックでは日経平均は半月で8000円近く下落した

経済ショックが発生すると、特に全体相場に大きな影響を与え、下落要因となります。 実例を2つ紹介しましょう。

ひとつ目（右上図）は2008年9月に発生した「リーマンショック」前後のチャートです。前年から「サブプライムローン問題」に影響を受け大きく日経平均株価が下げていましたが、2008年の9月にアメリカの大手投資銀行「リーマン・ブラザーズ」が破綻したことで、6000円台までの下げにつながりました。

2つ目は2020年3月に発生した「コロナショック」前後のチャートです。新型コロナウイルスの感染流行により、株式市場もパニックに陥り、日経平均はわずか半月で8000円近く下落しています。

ほかにも2015年8月の「チャイナショック」では、中国での株価暴落が世界中に波及し、日経平均も約2カ月で4000円近く下落しました。

経済ショックには「逃げ場」がある

経済ショックの影響で株価が下降する場合の共通点として、**初動から数日で大幅に下げた後、一度小休止し、そこから再度下げていく動き（いわゆる「二番底」）になることが多いです。** 含み損がある状態では最後の逃げ場となるので、注意しておきましょう。

用語解説

サブプライムローン　　アメリカの住宅ローンで、信用度が低い顧客に高金利で貸出したもの。金融商品の形で急拡大し、不動産高騰の材料となった。

リーマンショック（2008年）

【日経平均　日足】

高値：1万3270円

リーマン・ブラザーズ破綻を機に急落するも一度小休止する

含み損がある人にとって最後の逃げ場になる

暴落

安値：6994円

コロナショック（2020年）

【日経平均　日足】

高値：2万3806円

暴落

新型コロナウイルス感染拡大により急落するも一度小休止する

含み損がある人にとって最後の逃げ場になる

安値：1万6358円

新種のウイルスが流行!?早く売らなきゃ！

上場廃止発表後のチャート

上場廃止が発表されると、株価の変動が激しくなります。上場廃止発表から実際に廃止されるまでの株価の推移に注目しましょう。

経営悪化による上場廃止発表は下がり続けることが多い

　株式会社が上場廃止となる場合、業績悪化がイメージされがちですが、ほかにもMBO・TOBによる買収などでも上場廃止となります。

　上場廃止が発表された後は「監理銘柄」や「整理銘柄」に区分され、そこから基準を満たした場合に、期日が設定されて上場廃止となります。いずれにしても**上場廃止発表前後は株価が変動すること**が多いです。

　オンキヨーホームエンターテイメントは2021年3月31日の3月期まで2期連続で債務超過となり、上場廃止基準に抵触したことを発表。8月1日付で上場廃止となりました。

　それ以前から株価の低迷が続いていましたが、**上場廃止発表後も株価は下がり続け、最終日は1円で取引を終えました。**

MBO・TOBなどによる上場廃止は上昇することもある

　反対に、**MBOやTOBで買収された場合は、上場廃止が発表されても株価が上昇する場合があります。**というのも、これらのケースでは、買収する側が市場で付いた価格よりも高い値段で買い取ることが多く、この買い付け価格を反映して株価が上昇することがあるからです。実際、右下図のAOI TYO HDは米投資ファンド傘下のスタジオ・クルーズへのTOBが決定し、買い付け価格である900円付近まで上昇しました。

用語解説

MBO・TOB	MBOは「Management Buyout」の略で、企業が自社の株式を取得し、オーナー経営者となること。TOBは「Take-Over Bid」の略で、株の公開買付のこと。

【オンキヨーホームエンターテイメント（6628） 日足】

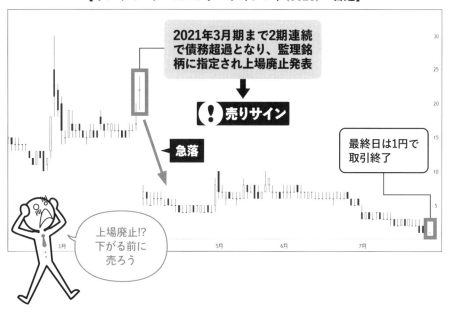

2021年3月期まで2期連続で債務超過となり、監理銘柄に指定され上場廃止発表

！ 売りサイン

急落

最終日は1円で取引終了

上場廃止!?
下がる前に
売ろう

【AOI TYO HD（3975） 日足】

600円前後だった株価が、買い付け価格である900円付近まで上昇

900円付近に張り付いている

！ 買いサイン

TOBによる上場廃止が発表され、買収する企業が市場よりも高値で買い取ることに

新規上場直後の
チャート

上場直後は思惑で上げやすく、値動きの予測がしにくくなります。その後、時間が経つにつれて企業価値での評価が株価に表れてきます。

上場前の買い付け、上場後の値上がりどちらも狙える

　株式未公開の会社が証券取引所に上場し、自由に株式を売買できるようにすることをIPO（Initial Public Offering）といいます。

　IPO銘柄を上場前に買い付ける「IPO投資」や、上場直後の上昇を狙う「セカンダリー投資」も人気なので、値動きが激しくなる傾向があります。ただし、**上場後しばらくすると、本来の企業価値をもとに株価が判断されるようになるため、直後の高値から大きく下げることもよくあります。**

セカンダリーは激しく動きやすいので注意が必要

　右上の図は2021年6月23日にマザーズに新規上場したアイ・パートナーズフィナンシャルの日足チャートです。公募価格が3120円だったのに対して初値が9880円と200％以上の高値が付きましたが、セカンダリー以降は売られ続け、株価は2カ月で公募価格の約3分の1まで下げています。

　一方、右下の図は4月15日にマザーズに上場したサイバートラストの日足チャートですが、こちらは公募価格から初値が300％以上高く付いたにもかかわらず、セカンダリーでも上昇し、その後一気に下降しました。

　つまり、**長期的に見て株価が下がる場合でも、セカンダリーで大きく下げるか、上げるかは銘柄やタイミングによる**ため、そのボラティリティーの大きさには注意が必要です。

用語解説	
セカンダリー	上場後に株の売買をすること。上場直後は値動きが激しくなるため、短時間で大きな利益を得られる可能性があるが、大きな損失にもなりやすい。

【アイ・パートナーズフィナンシャル（7345） 日足】

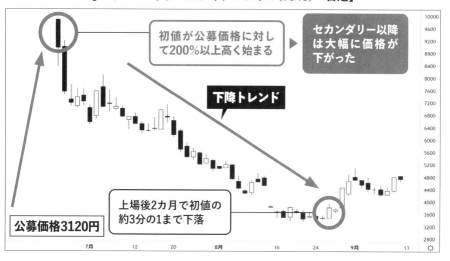

初値が公募価格に対して200％以上高く始まる

セカンダリー以降は大幅に価格が下がった

下降トレンド

上場後2カ月で初値の約3分の1まで下落

公募価格3120円

【サイバートラスト（4498） 日足】

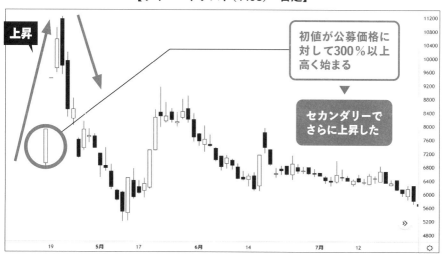

上昇

初値が公募価格に対して300％以上高く始まる

セカンダリーでさらに上昇した

第7章 状況別チャートパターン

市場変更に伴うチャートの変動

下位の市場から、より審査の厳しい上位の市場へ変更となった場合、基本的に「上昇要因」と考えられます。

東証一部は最も審査が厳しい市場

日本の証券取引所は、東京のほか、名古屋・札幌・福岡にもあり、さらに東証のなかにも東証一部、東証二部、マザーズ、JASDAQといった区分があります（2021年現在）。各証券取引所に企業が上場しているわけですが、**一定基準を満たすことで上場する会社を変更することができます。**

審査基準の厳しさでいえば東証一部＞東証二部＞JASDAQ＞マザーズとなり、**下位から上位へ市場変更できるということは、厳しい審査基準をクリアしたと考えられ一般的には上昇要因となります。**

一部への変更は機関投資家の買いも期待できる

また、**東証一部に変更されると、自動的にTOPIXの評価対象となるため、連動するインデックスファンドに組み入れられ、これも上昇要因と考えられます。**なお、実際にTOPIXに組み入れられるのは上場（変更）した月の翌月末です。

つまり、JASDAQやマザーズなどの銘柄が上位の市場に変更した場合、基本的に上昇と考えられるので注目しておきましょう。

実際、2021年6月14日（発表は6月7日）にマザーズから東証一部へ市場変更したマネーフォワード（3994）は、以前からの業績好調と合わせて大きく買いが入り、昇格後3カ月で約3000円株価が上昇しました。

用語解説
TOPIX
別名、東証株価指数。東証一部に上場する全銘柄を対象として、算出している株価指数のこと。日経平均株価と並ぶ、日本の代表的な株価指標。

6月7日に、6月14日以降マザーズから東証一部へ市場変更することが発表される ➡ 【❗】**買いサイン**

【マネーフォワード（3994）　日足】

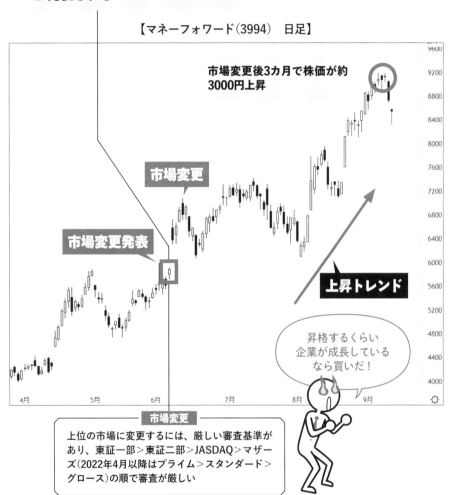

市場変更後3カ月で株価が約3000円上昇

市場変更

市場変更発表

上昇トレンド

昇格するくらい企業が成長しているなら買いだ！

市場変更

上位の市場に変更するには、厳しい審査基準があり、東証一部＞東証二部＞JASDAQ＞マザーズ（2022年4月以降はプライム＞スタンダード＞グロース）の順で審査が厳しい

プロのアドバイス

上位の市場に変更するとより多くの機関投資家が売買できるようになり、信用度の上昇などの上昇要因が発生します

時間帯・時期による アノマリー

時間帯や時期によって法則性がある値動きをアノマリーと呼びます。環境認識の際に、大まかな方向性を把握するための指標になります。

理論的根拠はないが、よく発生する株価の習性

株式相場ではテクニカルやファンダメンタルズなどで説明できませんが、一定の法則で価格が変動することがあり、そういった傾向を広く指して「アノマリー」と呼びます。

ここでは2つの事例を紹介しておきましょう。

ひとつ目は「時間帯」に関するアノマリーです。株式市場では平日午前9時から昼休憩を挟んで15時まで取引することができますが、多くの場合、**その日の価格の方向性は「寄り付き〜10時まで」、つまり寄り付きから1時間の間に決まります。**

実際に右上図では寄り付きから10時ごろまでに急騰し、その後は勢いが弱くなるか、保ち合いに移行していることがわかります。

年単位のアノマリーもある

2つ目は「時期」にまつわるアノマリーです。株式相場を1年という単位で見たとき、**「5月以降は弱気になり、11月以降から強気になる」傾向**があります。海外ではこの傾向を指して「5月に売り、秋口頃に戻ってきなさい(=**セルインメイ**)」として知られています。

実際に2019年の日経平均株価を見ると、5月から下げ始め、9月以降から年末にかけて上昇していることがわかります。

☑Check! **アノマリーは具体的な売買サインにつながるものではないが、知っておくと相場が動く方向性を認識できる可能性が高まる。**

パターン94 「寄り付き〜10時まで」に方向性が決まるアノマリー

【ソフトバンクグループ（9984）　5分足】

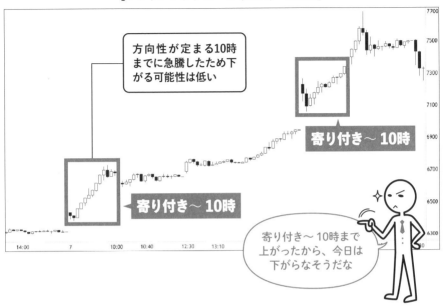

パターン95 「セルインメイ」のアノマリー

【日経平均　日足】

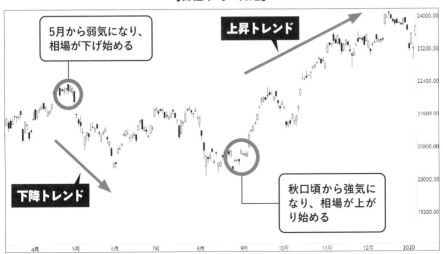

同業他社・関連会社間の チャートの関係性

同じテーマや業種、親会社・子会社などは似たような値動きをすることがよく あります。関連銘柄の値動きにも注目してみましょう。

テーマが注目されると同業他社が物色されやすい

　国内で取引所に上場している銘柄は3700社以上存在し（2021年現在）、 それぞれが独立した値動きをしていますが、**特定の2つ（またはそれ以上） の銘柄で似たような値動き**をすることがあります。

　こうした事例として最も代表的なのが「同業他社」でしょう。例えば 2020年3月以降、新型コロナウイルスの流行により、「テレワーク」や「巣 籠り消費」といったテーマ株が注目されました。当然、それぞれのテーマ に対応する事業を行っている企業は複数あるので、こうした**テーマが注目 されるタイミングでは、同業他社間で似たような値動きになる傾向があり ます。**

子会社は親会社と似た値動きになることがある

　ほかにも、複数の企業で似たような値動きをする例として「親会社・子 会社」も挙げられます。右下図はGMO系列の親会社であるGMOインター ネットと、主要子会社のひとつであるGMOペイメントゲートウェイの週 足を並べたチャートです。

　2社間で値動きに共通点があるだけでなく、**親会社・子会社の場合、親 会社の値動きに左右されることが多くなります。その点が同業他社の例と 異なります。**

用語解説	
テーマ株	市場から注目される業種や商品などを「テーマ」とし、そのテーマごとに関連 する複数の銘柄をまとめた分類のこと。

パターン96 同業他社の連動チャート

【Chatwork（4448）、サイボウズ（4776）　週足】

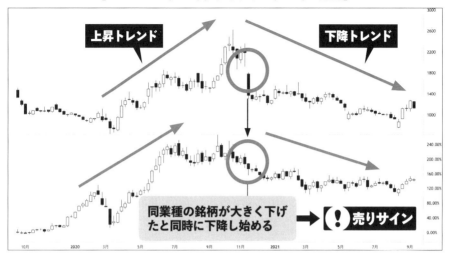

上昇トレンド　　　　下降トレンド

同業種の銘柄が大きく下げ
たと同時に下降し始める　→　(!)売りサイン

パターン97 親会社と子会社の連動チャート

【GMOインターネット（9449）、GMOペイメントゲートウェイ（3769）　週足】

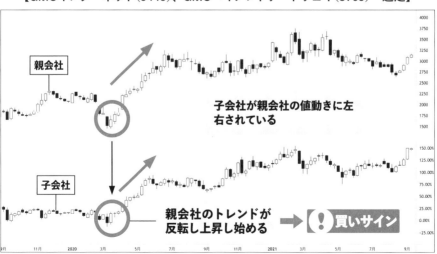

親会社

子会社が親会社の値動きに左
右されている

子会社

親会社のトレンドが
反転し上昇し始める　→　(!)買いサイン

低位株の
チャートの特徴

低位株は手を出しやすいですが、リスクも高いです。出来高がなければ利確もできないため、特に出来高の有無には注意する必要があります。

投資する際には慎重な銘柄選びが必要

　低位株は**単純に最低購入金額が安いため、資金の少ない投資家でも気軽に買うことができるというメリットがあります**が、一方で「ボロ株」と呼ばれ、価格が崩れるときには大きな値幅になりやすく、最悪上場廃止も視野に入るので、投資する際には慎重な銘柄選びが必要です。

「含み益が出ても売れない」可能性がある

　低位株の値動きに関しては、**上下どちらの場合でも少しの材料で大きく反応する傾向にあります。**もともと、売買している投資家の絶対数も少なく、何かしらきっかけがあればすぐに株価の上下につながりやすいのです。

　その意味で、低位株を売買する際には出来高も併せて注目しておく必要があります。右の図では、序盤に一時的な上昇をしていますが、出来高を伴っていないため、含み益が出ても保有している株式数によっては、思うように利益確定できない可能性があります。一方、終盤の上昇では出来高を伴っているため売買に適しています。

　ただし、株価が低い水準にあるということは、何かしらの理由があって売り込まれているわけで、少しよい材料が出てもすぐに戻す傾向にあります。そのため、低位株を買っていく場合は「吹き上がったら利確」を基本にしておくとよいでしょう。

用語解説

低位株 ──────────── 株価が低い水準の銘柄。明確な定義はないが、一般的には「最低単元を購入したときの金額が10万円以下になる銘柄」のことを指す。

買いでポジションをもっている
場合は早めの利確を考える

安値圏で買った低位株が出来高を
伴って吹き上がった

【フィデアHD（8713） 日足】

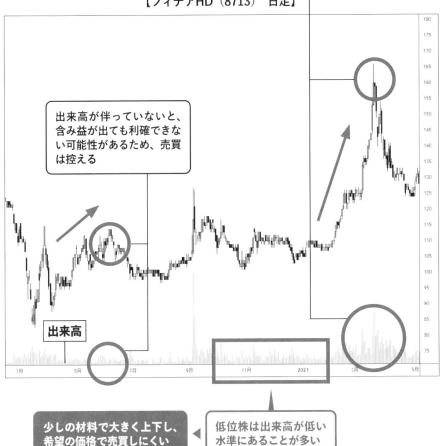

出来高が伴っていないと、
含み益が出ても利確できな
い可能性があるため、売買
は控える

出来高

少しの材料で大きく上下し、
希望の価格で売買しにくい

低位株は出来高が低い
水準にあることが多い

第**7**章

状況別チャートパターン

プロのアドバイス

低位株は高値を付けても売れないことがあるので、吹き上
がったらすぐ利確するのが無難です

急騰後に急落する
イナゴタワー

急騰・急落する「イナゴタワー」は大きな利益にもなり得ますが、急落も突然で
ハイリスクです。素早い利確・損切りが必要となります。

短期で10倍以上に上昇する銘柄もある

株式相場において、株価が10倍以上に上昇する銘柄のことを「テンバ
ガー」と呼び、毎年何かしらの銘柄がこのテンバガーを達成しています。

とはいえ、テンバガーを達成するまでに数年〜数十年かかる銘柄もあれ
ば、わずか数カ月で達成する銘柄までそれぞれです。

特に後者のパターンでは、値動きが「イナゴタワー」になることが多い
です。昆虫のイナゴが嵐のように田畑を食い荒らす様子になぞらえたもの
で、チャート上で急騰・急落が起こることによって右の図のように、まさ
に「タワー」のような形状になることを指します。

近年、SNSなどの発達により、一般の投資家でも情報を手に入れるスピー
ドは各段と速くなりました。そのため、一部の銘柄では、**業績や企業価値
などは関係なく、噂などの情報を頼りに思惑で売買が殺到することでイナ
ゴタワーが形成される**事例がよく起こるようになりました。

イナゴタワーは投資難易度が非常に高い

タワー形成初期に買うことができれば、大きな利益を出せる可能性はあ
りますが、右図のように突然急落が発生するため、非常に難易度の高い相
場です。仮にイナゴタワーを狙って売買を行う場合は、**事前に厳密な利益
確定・損切りのルールなどを決めておいたほうがよいでしょう。**

用語解説	
イナゴ	株価に影響しそうな情報が広まった途端に、飛び付くようにその銘柄の取引を始める個人投資家のこと。イナゴ投資家ともいう。

【マネーパートナーズグループ（8732） 日足】

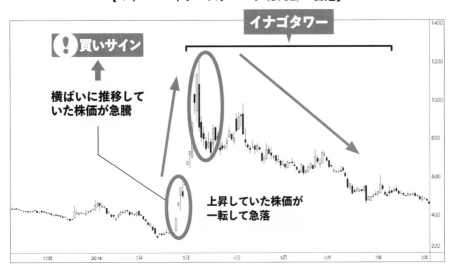

イナゴタワー

(!)買いサイン

横ばいに推移して
いた株価が急騰

上昇していた株価が
一転して急落

【アンジェス（4563） 日足】

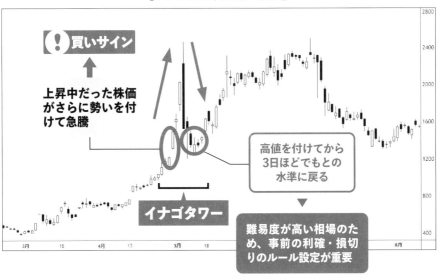

(!)買いサイン

上昇中だった株価
がさらに勢いを付
けて急騰

イナゴタワー

高値を付けてから
3日ほどでもとの
水準に戻る

難易度が高い相場のた
め、事前の利確・損切
りのルール設定が重要

第**7**章

状況別チャートパターン

索引

ま行

や行

は行

ら行

戸松信博 (とまつ・のぶひろ)

グローバルリンクアドバイザーズ株式会社 代表取締役。1973年東京生まれ。大学時代より早期に1億円を貯める方法を考える。大手音楽会社に在籍中に中国市場の潜在性に着目し、中国株への投資を開始。それとともに、全国の個人投資家向けにインターネットを通して中国株の情報発信を続け、多くの投資家から"中国株のカリスマ"と呼ばれる。現在は日本株、中国株、米国株など投資情報の発信やファンドを運営するとともに、各メディアで積極的に投資情報を発信。フジテレビ『バイキングMORE』などテレビ、新聞・雑誌などの掲載多数。著書に『1時間でわかる株価チャートの読み方』、監修書に『株で儲ける！損切りの一番やさしい教科書』（ともに技術評論社）などがある。

執筆協力	中野佑也
本文イラスト	ひらのんさ
カバーデザイン	金井久幸（TwoThree）
校正協力	聚珍社
本文デザイン・DTP	竹崎真弓（ループスプロダクション）
編集・制作	金丸信丈、佐藤太一（ループスプロダクション）

買い時・売り時がひと目でわかる
株価チャート大全

監修者	戸松信博
発行者	池田士文
印刷所	日経印刷株式会社
製本所	日経印刷株式会社
発行所	株式会社池田書店
	〒162-0851
	東京都新宿区弁天町43番地
	電話 03-3267-6821（代）
	FAX 03-3235-6672

落丁・乱丁はお取り替えいたします。
©K.K. Ikeda Shoten 2021, Printed in Japan
ISBN 978-4-262-17480-8

[本書内容に関するお問い合わせ]
書名、該当ページを明記の上、郵送、FAX、または当社ホームページお問い合わせフォームからお送りください。なお回答にはお時間がかかる場合がございます。電話によるお問い合わせはお受けしておりません。また本書内容以外のご質問などにもお答えできませんので、あらかじめご了承ください。本書のご感想についても、弊社HPフォームよりお寄せください。
[お問い合わせ・ご感想フォーム]
当社ホームページから
https://www.ikedashoten.co.jp/

24043508